TUI 推拿 NA Massage

für gesündere und glücklichere Kinder

Maria Mercati

TUI 推拿 NA Massage

für gesündere und glücklichere Kinder

Urania Verlags AG

A GAIA ORIGINAL

Redaktion	Katherine Pate
Design	Kucy Guenot
Illustrationen	Sheilagh Noble
Fotos	Steve Teague
Redaktionsleitung	Pip Morgan
Produktion	Lyn Kirby
Leitung	Joss Pearson, Patrick Nugent

Wichtiger Hinweis des Verlags
Die in diesem Buch beschriebenen Behandlungsmethoden wendet der Leser nach eigenem Ermessen auf eigene Gefahr an. Beachten Sie stets die warnenden Hinweise, und konsultieren Sie einen Arzt, wenn ihr Kind nicht gesund ist. Weder Verlag noch Autor können diesbezüglich eine Haftung übernehmen.

1. Auflage 2000

ISBN 3-908652-10-3

Titel der Originalausgabe: «Tui Na Massage For A Healthier, Brighter Child»
Gaia Books Limited

Übersetzt aus dem Englischen von Marion Zerbst
Satz: Fotosatz Reinhard Amann, D-88317 Aichstetten

Printed in Singapore

Inhalt

Vorwort 6
Wie Sie dieses Buch nutzen 7

Kapitel 1 Die erstaunliche Wirkung von Tui Na 8

Kapitel 2 Die Massagetechniken 18

Kapitel 3 Die Ganzkörpermassage 26

Hände und Finger 28
Arme 40
Gesicht, Kopf und Nacken 44
Brust und Magen 54
Vorderseite der Beine und Füße 60
Rücken 66
Hinterseite der Beine und Füße 72

Kapitel 4 Behandlung häufiger Kinderkrankheiten und -Beschwerden 80

Erkältungen 82
Husten 84
Wenn Kinder nachts weinen und unruhig sind 86
Koliken 88
Zahnen 90

Glossar 92
Info-Adresse 93
Literatur 93
Register 94
Danksagungen 95

Vorwort

Als Mutter war mir immer bewußt, wie wichtig es ist, Kinder so natürlich und ganzheitlich wie möglich aufwachsen zu lassen. Bei meinen eigenen vier Kindern achtete ich genau darauf, daß sie sich richtig ernährten und genügend schliefen, und setzte bei der Behandlung ihrer Kinderkrankheiten möglichst wenig Medikamente ein. Wenn ich heute darüber nachdenke, bin ich sehr zufrieden mit den Resultaten; aber ich wünschte, ich hätte damals schon über das Wissen verfügt, das ich Ihnen in diesem Buch vorstellen möchte.

Tui Na für Kinder ist eine einzigartige Form der Gesundheitsförderung, die die Chinesen geschaffen haben, um die Entwicklung eines gesunden Körpers, eines starken Immunsystems und eines wachen Geistes während der prägendsten Entwicklungsphase eines Kindes zu fördern – nämlich im Alter bis zu fünf Jahren. Tui Na zielt darauf ab, die inneren Organe zu stärken und ins Gleichgewicht zu bringen, um das Kind widerstandsfähig gegen Krankheiten zu machen und gleichzeitig seine Gehirntätigkeit anzuregen. Während ich diese Techniken von geduldigen, erfahrenen chinesischen Fachärzten lernte, konnte ich die tiefgreifenden Wirkungen beobachten, die der häufige, regelmäßige Einsatz von Tui Na von Geburt an bei Kindern bringt.

In China wird Tui Na für Kinder an Krankenhäusern für Traditionelle Chinesische Medizin praktiziert. Dort setzt man Tui Na für die Behandlung aller üblichen Kinderkrankheiten und -beschwerden wie Fieber, Erbrechen, Durchfall und Krämpfe ein. Auch in vielen chinesischen Kindergärten werden Tui Na-Techniken täglich angewandt; dort massieren sich die Kinder selbst das Gesicht, um ihre Sehkraft zu stärken.

Im BODYHARMONICS®-Zentrum in Cheltenham, das ich im Jahr 1990 mit meinem Mann gründete, biete ich Ausbildungskurse in Tui Na, Akupunktur, traditioneller indonesischer Massage und Thai-Massage an; außerdem leite ich Kurse für Eltern in Tui-Na-Gesundheitsvorsorge und -Behandlung für Kinder. Begleitend zu diesem Buch haben wir ein Video produziert, damit Sie sich rasch und erfolgreich in die Techniken einarbeiten können.

Maria Mercati

Wie Sie dieses Buch nutzen

«Tui-Na-Massage für gesündere und glücklichere Kinder» zeigt Ihnen, wie Sie mit Hilfe dieser uralten heilenden Massagekunst eine gesunde geistige, körperliche und seelische Entwicklung Ihres Kindes fördern können. Kapitel 1 bietet eine leicht verständliche Einführung in die Theorien der Traditionellen Chinesischen Medizin, auf denen Tui Na basiert. Es beschreibt, was das Besondere an Tui Na ist und wie man diese Techniken bei Kindern einsetzen kann, um etwas für ihre körperliche und geistige Entwicklung zu tun. In Kapitel 2 werden die Grundtechniken der Tui-Na-Massage – Kneten, Kneifen und Reiben – vorgestellt und anhand anschaulicher Fotos und Anleitungen beschrieben. Sie sollten sich erst einmal mit diesen Techniken vertraut machen, ehe Sie die verschiedenen Behandlungen und die Ganzkörpermassage in Kapitel 3 und 4 ausprobieren.

Die gesundheitsfördernde Massage in Kapitel 3 ist eine einzigartige Ganzkörpermassage, die dazu dient, die Körperenergien wieder ins Gleichgewicht zu bringen, um optimale Gesundheit, Wohlbefinden und eine gute körperliche und geistige Entwicklung zu erzielen. Sie ist in sieben Abschnitte unterteilt, bei denen jeweils verschiedene Körperteile behandelt werden. Jeder Abschnitt beginnt mit einem Foto, das die Punkte und Körperbereiche zeigt, an denen Sie jetzt arbeiten werden. Alle Techniken sind illustriert; die Schritt-für-Schritt-Anleitungen zeigen Ihnen deutlich, wie Sie die Punkte finden, die Sie behandeln sollen. Versuchen Sie, diese Massage zunächst abschnittweise durchzuführen. Sobald Sie alle einzelnen Teile beherrschen, können Sie sie in jeder beliebigen Reihenfolge verabreichen. Am besten ist es, die gesamte Massage zweimal pro Woche durchzuführen; aber Ihr Kind wird auch davon profitieren, wenn Sie nicht so häufig Zeit dazu finden.

In China wird Tui Na auch zur Behandlung von Kinderkrankheiten eingesetzt. In Kapitel 3 werden einige therapeutische Wirkungen der Massage vorgestellt und Behandlungsvorschläge für häufige Beschwerden wie beispielsweise Schnupfen gegeben. In Kapitel 4 finden Sie Grundbehandlungspläne für fünf verbreitete Krankheiten und Probleme bei kleinen Kindern: Erkältung, Husten, nächtliche Unruhe und Weinen, Koliken und Zahnen. Das Glossar auf Seite 92 bietet einen Überblick über alle im Rahmen der Massage behandelten Punkte, und zwar mitsamt ihren chinesischen Namen und einer leicht verständlichen Beschreibung, wie man die Punkte findet.

Kapitel 1

Die erstaunliche Wirkung von Tui Na

Der natürliche Instinkt von Eltern, Babys im Arm zu halten und mit ihnen zu schmusen, kommt nicht von ungefähr. Bei der Geburt ist der Tastsinn des Babys von allen fünf Sinnen am weitesten entwickelt und mit dem vegetativen (autonomen) und animalen (somatischen) Nervensystem des Kindes verbunden. Liebevolle Berührungen wirken also nicht nur beruhigend und tröstend, sondern haben auch einen positiven Effekt auf die körperliche und geistige Entwicklung des Babys. In allen Kulturen der Welt reagieren Eltern auf das Bedürfnis ihrer Babys nach Berührung, indem sie sie liebkosen, eng an sich drücken und massieren.

Die Chinesen setzen die Babymassage schon seit mindestens 700 Jahren ein – sowohl für heilende Zwecke als auch, um eine gesunde geistige und körperliche Entwicklung ihrer Kinder zu fördern. Diese Babymassage hat sich aus der Tui-Na-Massage entwickelt, die ebenso wie Pflanzenheilkunde und Akupunktur zu den heilenden Künsten der Traditionellen Chinesischen Medizin gehört.

Der Theorie der Traditionellen Chinesischen Medizin liegt die Vorstellung von der lebenspendenden Energie Qi («Chi» ausgesprochen) zugrunde, die das ganze Universum durchdringt. Qi ist die aktivierende Kraft allen Lebens und durchströmt alles, was lebt.

Dieses Strömen und das harmonische Gleichgewicht des Qi im Körper des Kindes bestimmt alle Aspekte seiner Entwicklung, seiner Gesundheit und der Möglichkeiten, die in ihm stecken. Dieser Fluß des Qi kann durch physische Faktoren wie körperliche Aktivität, Schlaf und Ernährung, aber auch durch Emotionen

beeinflußt werden. Störungen dieser Faktoren lassen sich in zwei Kategorien einteilen: Übermaß und Mangel. Beispiele für Übermaß sind: zu reichliches Essen, zu nahrhaftes, fettes Essen und Wutanfälle. Es ist zwar gesund, Gefühle zu haben und zum Ausdruck zu bringen; aber übermäßige Aufregung – ob durch eine positive Emotion wie Freude oder durch negative Gefühle wie beispielsweise Zorn – kann den Qi-Fluß beeinträchtigen und zu Unruhe und Schlafstörungen führen. Typische Mangelerscheinungen in unserem modernen Leben sind schlechte Ernährung durch «Fastfood», zuwenig Schlaf und zuwenig Bewegung. Die Chinesen streben nach Gleichgewicht und Harmonie in allen Lebensbereichen und trachten danach, ein Zuviel oder Zuwenig zu vermeiden; aber in der Praxis läßt sich das nur schwer erreichen.

Tui Na ist eine sehr wirkungsvolle Methode, um den ausgewogenen Fluß des Qi wiederherzustellen. Durch Behandlung bestimmter Punkte und Bereiche des Körpers, wo sich das Fließen des Qi beeinflussen läßt, stellt die Tui-Na-Massage den ungehinderten Qi-Fluß durch den ganzen Körper wieder her und fördert ihn. Aus chinesischer Sicht ist ein gesundes, glückliches, aufgewecktes Kind ein Kind, dessen Qi frei und ungehindert fließen kann.

Welche Möglichkeiten stecken in einem Kind?

In jedem Baby steckt ein riesiges Wachstums- und Entwicklungspotential – in physischer, emotionaler und intellektueller Hinsicht –, aber es gibt zwei Einschränkungen. Die eine Einschränkung ist der «Bauplan» der genetischen Veranlagung des Kindes, der sich nicht verändern läßt. Ihr Kind wird stets innerhalb der Grenzen aufwachsen und leben, die seine Gene ihm auferlegen. Für ein durchschnittliches, gesundes Kind bieten sich damit nahezu unbegrenzte Möglichkeiten der Entwicklung und Leistung.

Die zweite Einschränkung ist die Umwelt. In den ersten Jahren sind die Eltern die wichtigsten Menschen im Leben eines Kindes. Damit haben die Eltern in dieser Zeit die Verantwortung und die Möglichkeit, Entscheidungen zu treffen, die die Entwicklung ihres Kindes grundlegend beeinflussen werden. Die Ganzkörpermassage in Kapitel 3 ist eine Möglichkeit, wie Sie Ihrem Kind durch Tui Na helfen können, sich seinen Möglichkeiten entsprechend zu entwickeln. Der Schlüssel zu diesen Möglichkeiten ist das Qi; und die Chinesen benutzen es seit über 3500 Jahren mit Hilfe von Tui Na.

Wie Sie das Qi Ihres Kindes stärken können

Wie wir gesehen haben, wird das Fließen des Qi durch physische Faktoren wie Schlaf, körperliche Aktivität und Ernährung beeinflußt. Zwar können Sie diesen Qi-Fluß durch Tui Na ins Gleichgewicht bringen und regulieren; aber das wird ein sehr schwieriges Unterfangen sein, wenn das Kind sich nicht genügend bewegt, zuwenig schläft oder sich falsch ernährt. In allen medizinischen Traditionen gelten die drei Faktoren Ernährung, Schlaf und Bewegung als entscheidend für das gesunde Wachstum und die gesunde Entwicklung eines Kindes. Außerdem wirken sich die in der Kindheit ausgebildeten Verhaltensmuster auch noch viele Jahre später auf die Gesundheit und das Wohlbefinden eines Menschen aus. Umso wichtiger ist es, daß Sie Ihr Kind schon frühzeitig dazu anspornen, gesunde Lebensgewohnheiten zu entwickeln.

Gesunde Kinder sind von Natur aus Energiebündel. Körperliche Aktivität entwickelt und stärkt ihre Muskeln: Schon ganz kleine Kinder bewegen sich sehr viel, strampeln mit den Beinen und bewegen die Arme hin und her. Sobald sie größer werden, üben sie, sich umzudrehen, sich aufzusetzen, zu krabbeln und schließlich zu laufen, bis sie dann im Kleinkindalter praktisch ständig in Bewegung sind. Regelmäßige Bewegung beschleunigt den Blutkreislauf und verbessert die Sauerstoffaufnahme; beides stimuliert den Fluß des Qi im Körper. Wenn der Qi-Fluß auf diese Weise gefördert wird, können die Tui-Na-Massagetechniken die Entwicklung von Muskeln und Skelett und die Körperkoordination Ihres Kindes noch viel effizienter verbessern. Achten Sie also darauf, daß Ihr Kind genügend Möglichkeit zum aktiven Spiel hat – wenn möglich draußen an der frischen Luft –, und geben Sie ihm auch Gelegenheit, zu laufen, statt immer nur im Kinderwagen oder Auto gefahren zu werden. Eine gesunde Kleinkind-Ernährung, die den Fluß des Qi anregt, sollte ausgewogen sein und viel frisches Obst und Gemüse (entweder roh oder leicht gegart) enthalten. Kaufen

DIE ÄUSSEREN ÜBEL

Nach der chinesischen Theorie entstehen alle Krankheiten aus einem Ungleichgewicht im Fluß des Qi. Die «äußeren Übel» – Wind, Kälte, Feuchtigkeit und Hitze – können in den Körper eindringen und den Qi-Fluß stören. So kommt es zu Krankheiten.

WIND kann akute Erkrankungen wie Erkältungen, Halsschmerzen und Husten auslösen.
Achten Sie darauf, daß Ihr Kind stets durch angemessene Kleidung vor Luftzug geschützt ist, selbst wenn es warm ist. Auch an einem heißen Sommertag kann beispielsweise ein offenes Autofenster, durch das es zieht, schädliche Wirkungen haben.

KÄLTE kann den Körper abkühlen, so daß die oberflächliche Blutzirkulation sich verlangsamt. Das führt zu Brust- und Magenproblemen.
Meiden Sie kalte Nahrungsmittel wie Eis oder eisgekühlte Getränke, und ziehen Sie Ihr Kind bei kaltem Wetter warm an.

Übermäßige **HITZE** kann Fieber, Entzündungen und Verstopfung verursachen.
Sorgen Sie dafür, daß Ihr Kind sich im Sommer nicht der Sonne aussetzt, und überheizen Sie Ihr Haus nicht.

FEUCHTIGKEIT kann zu Durchfällen führen.
Vermeiden Sie fette oder zuckerhaltige Nahrung, denn das ist eine häufige Ursache dafür, daß Feuchtigkeit in den Körper eindringt.

Tui Na fördert den Fluß und das Gleichgewicht des Qi, regt dadurch das Immunsystem an und macht Ihr Baby widerstandsfähig gegen diese vier äußeren Übel.

Sie nach Möglichkeit Lebensmittel aus biologischem Anbau, damit der Körper Ihres Kindes möglichst wenig durch chemische Pestizidrückstände belastet wird. Versuchen Sie, verarbeitete Nahrungsmittel und Fertiggerichte zu meiden, da diese häufig Farbstoffe und Chemikalien zur Geschmacksverstärkung und Haltbarmachung enthalten. Brausegetränke und Süßigkeiten, die oft viel Zucker und außerdem künstliche Süßungsmittel und Farbstoffe enthalten, Kartoffelchips oder ähnliche Knabbereien mit hohem Fett- und Salzgehalt sollten kein häufiger oder gar regelmäßiger Bestandteil der Ernährung eines Kindes sein.

Wenn Sie dafür sorgen, daß Ihr Baby schon frühzeitig ein breites Spektrum an gesunden Nahrungsmitteln und natürlichen Geschmacksnuancen kennenlernt, wird es bald viele verschiedene Geschmacksrichtungen akzeptieren. Sobald es beginnt, feste Nahrung zu sich zu nehmen, tauchen Sie Ihren (sauberen) kleinen Finger in alle gesunden Gerichte ein, die Sie für sich selbst zubereiten, und lassen Sie das Kind daran saugen. Lassen Sie sich durch negative Reaktionen nicht von dem Versuch abschrecken, ihm das gleiche Nahrungsmittel immer wieder anzubieten, wenn Sie wissen, daß es gesund für Ihr Baby ist.

Für die Chinesen ist der Schlaf eine Zeit, in der alle Körperfunktionen gestärkt werden, in der unter dem Einfluß eines ausgewogenen Qi Heilung und Erholung stattfinden können. Und was ebenso wichtig ist: Während des Schlafs kann das Qi das Wachstum und die Entwicklung des Kindes fördern, weil es dann nicht gebraucht wird, um ihm die nötige Energie für Bewegungen und bewußte Gehirnaktivität zu liefern. Wenn das Kind jede Nacht zwei oder drei Stunden Schlaf versäumt, so hat das Auswirkungen, die sich summieren und letzten Endes zu Leistungsschwäche, mangelnder Konzentration, Vitalitätsverlust, schlechtem Gesundheitszustand und emotionalen Störungen führen.

EIN GESUNDER SCHLAF

Die meisten kleinen Kinder brauchen einen guten Nachtschlaf und müssen auch tagsüber ein Schläfchen halten. Ein tiefer, nicht durch Unterbrechungen gestörter Schlaf ist sehr wichtig für ein gesundes Wachstum und eine gesunde Entwicklung.

Die Theorie des Tui Na

Zwar brauchen Sie nicht die ganze komplexe Theorie zu kennen, die Tui Na zugrunde liegt, um diese Massagetechniken bei Ihrem Kind einsetzen zu können; aber die Kenntnis einiger Grundbegriffe der Traditionellen Chinesischen Medizin wird Ihnen helfen, zu verstehen, warum Tui Na eine so wirkungsvolle Maßnahme zur Erhaltung und Förderung von Gesundheit und Wohlbefinden ist. Der Schlüssel zur gesamten chinesischen Philosophie ist die Vorstellung von yin und yang, den beiden einander entgegen-

gesetzten Grundqualitäten, die alles in unserem Universum erfüllen und durchdringen. Nichts ist hundertprozentig yin oder yang – yin und yang existieren nur in Beziehung zueinander. So ist «kühl» beispielsweise eher yin, während die darauf bezogene yang-Eigenschaft «warm» ist. Weitere Beispiele für yin-yang-Gegensatzpaare sind: träge und aktiv, müde und wach, still und laut. Yin und yang sind auch keine statischen Eigenschaften, sondern wirken ständig aufeinander ein, so wie die Nacht (yin) in den Tag (yang) und wieder in die Nacht übergeht – in einem beständigen Zyklus ewiger Verwandlung. Für die Chinesen ist diese «Verwandlung» die Grundeigenschaft des Lebens. Die universale, lebenspendende Kraft Qi habe ich auf Seite 8 schon beschrieben. Im Körper fließt das Qi durch Kanäle, die Meridiane genannt werden, und jede Störung dieses Qi-Flusses äußert sich in Schmerzen, Krankheitsanfälligkeit und Entwicklungsstörungen. Das klassische Meridiansystem wurde erstmals vor über 4000 Jahren aufgestellt und liegt der gesamten Traditionellen Chinesischen Medizin zugrunde. Jeder Meridian reguliert das Qi eines der Hauptorgane und ist nach diesem Organ benannt. In der medizinischen Theorie der Chinesen sind die Organe nicht nur physische Körperteile, sondern gleichzeitig Systeme mit viel umfassenderen Funktionen. Einige Funktionen, die sich über die Meridiane beeinflussen lassen, werde ich auf Seite 17 beschreiben.

An bestimmten Punkten auf den Meridianen – den Qi-Punkten – läßt sich der Fluß des Qi durch Massage beeinflussen. Diese Punkte sind nach den Meridianen, auf denen sie liegen, benannt und numeriert: beispielsweise Milz 6 oder Dickdarm 4. Eine Massage der Qi-Punkte beeinflußt den Qi-Strom so, daß er sich ausgewogen und gleichmäßig im ganzen Meridian-Netz und auch in den Organen verteilt. Auf diese Weise kann die Massage weitreichende Wirkungen auf den ganzen Körper haben. Zum Beispiel regt die Massage eines Punktes auf dem Magen-Meridian am Bein die Verdauung an, die vom *Magen* reguliert wird. Alles im Universum kann man entweder als yin oder yang klassifizieren, auch die Organe unseres Körpers. Die Yin-Organe sind die soliden inneren Organe wie *Lungen, Nieren, Leber, Herz* und *Milz*. Die hohlen, weiter außen liegenden Organe wie *Dickdarm, Blase, Gallenblase, Dünndarm* und *Magen* sind yang. Für eine gesunde Entwicklung braucht ein Kind das richtige yin-yang-Gleichgewicht in all seinen Organsystemen. Tui Na fördert dies, indem es den Fluß des Qi – die Energie, die das Gleichgewicht zwischen yin und yang in den Organen aufrechterhält – harmonisiert.

DIE ENERGIEN DES NEIBAGUA

In der traditionellen chinesischen Lehre wird das Neibagua als Achteck dargestellt; jede Seite repräsentiert eine der acht natürlichen Energien. Die Trigramme veranschaulichen die yin- und yang-Eigenschaften der acht natürlichen Energien in Beziehung zueinander. Die unterbrochenen Linien symbolisieren yin, die durchgezogenen Linien yang.

Das yin-yang-Symbol in der Mitte der Handfläche veranschaulicht die Wechselbeziehung zwischen yin (dunkle Fläche) und yang (helle Fläche). Diese beiden Grundkräfte enthalten einander und verwandeln sich beständig ineinander (siehe Seite 12).

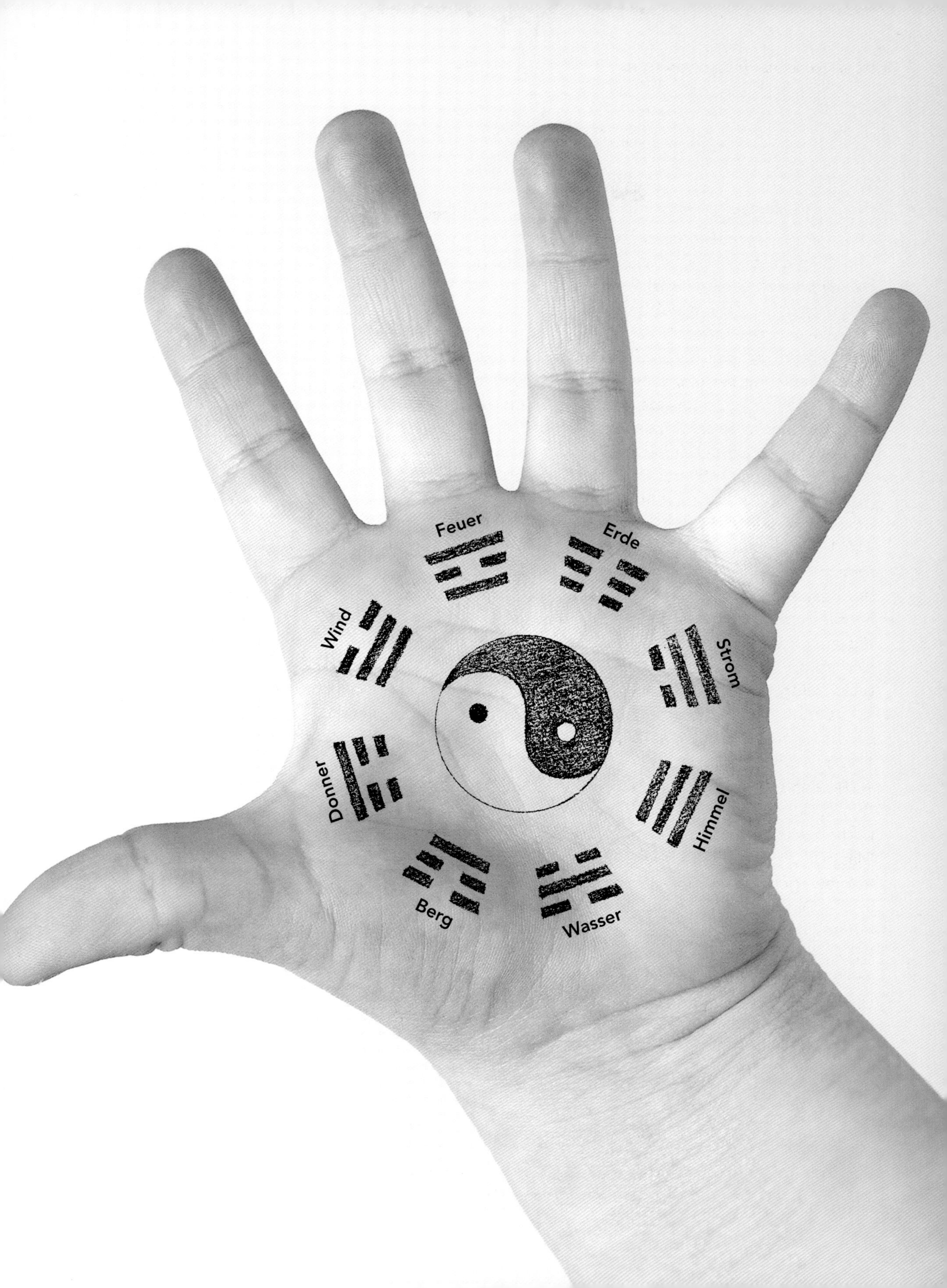
Feuer
Erde
Wind
Strom
Donner
Himmel
Berg
Wasser

Das Neibagua

Den alten chinesischen Philosophen war es ein Anliegen, die Phänomene zu erklären, die sie in der Welt um sich herum beobachteten. Eine der alten chinesischen Theorien definierte acht natürliche Energien des Universums – Wasser, Hügel, Donner, Wind, Feuer, Erde, Strom und Himmel –, die in Beziehung zueinander jeweils unterschiedliche yin- und yang-Qualitäten besitzen. Nach der traditionellen Lehre sind alle diese natürlichen Energien in einem Bereich auf dem Handteller des Kindes vertreten. Diese Fläche heißt Neibagua, was soviel bedeutet wie «Energietheorie». Das Neibagua liegt in der Mitte der Handfläche; sein Durchmesser beträgt zwei Drittel der Entfernung bis zur Wurzel des Mittelfingers. Wenn Sie im Uhrzeigersinn um das Neibagua herumreiben, können Sie alle natürlichen Energien im Körper des Kindes ins Gleichgewicht bringen und den Qi-Fluß anregen. Das regt die inneren Organe an, stärkt das Immunsystem, stimuliert die steuernden Funktionen des Gehirns und hat gleichzeitig eine beruhigende Wirkung.

Die fünf Elemente

Die alte Theorie der «acht natürlichen Energien» beinhaltet auch die Vorstellung von den fünf Elementen *Wasser, Holz, Feuer, Erde* und *Metall*, die in China auch heute noch Gültigkeit hat. Jedes dieser fünf Elemente steht für bestimmte Arten von Energie, die in allem in uns und um uns herum enthalten sind. Das Netz der Elemente-Zuordnungen ist sehr komplex; es spiegelt unsere vielfältigen Wechselbeziehungen mit unserer Umwelt wider und liefert gleichzeitig eine Erklärung dafür. So wird zum Beispiel jedem Element eine Jahreszeit, eine Farbe, ein klimatisches Phänomen, ein ganz bestimmter Geschmack und eine Emotion zugeordnet. Auch die Organsysteme unseres Körpers stehen unter dem Einfluß dieser Energien; jedes Element steht mit einem yin- und einem yang-Organ, die als Organpaar betrachtet werden, in Verbindung und regiert dieses. Das Neibagua auf der Handfläche des Kindes hat acht verschiedene Bereiche (die Seiten des Achtecks), die zu den acht natürlichen Energien in Beziehung stehen. Ebenso ist jeder Finger energetisch mit einem der fünf Elemente verbunden – und damit auch mit dem Organpaar, das von diesem Element gesteuert wird.

DIE ORGANMERIDIANE AN DEN FINGERN

Jeder der fünf Finger ist einem der fünf Elemente zugeordnet und damit auch den Organen, die von den Energien dieses Elements beeinflußt werden.

- Der Daumen ist mit dem Element Erde verbunden.
  Die *Milz* ist das yin-Organ, das unter dem Einfluß der Erd-Energien steht. Das ihm zugeordnete yang-Organ ist der *Magen*.

- Der Zeigefinger steht mit dem Element Holz in Verbindung.
  Das yin-Organ, das von den Energien des Holz-Elements beeinflußt wird, ist die *Leber*. Ihr ist als yang-Organ die *Gallenblase* zugeordnet.

- Der Mittelfinger ist dem Element Feuer zugeordnet.
  Das yin-Organ, das unter dem Einfluß der Feuer-Energien steht, ist das *Herz*. Das yang-Organ dieses Organpaares ist der *Dünndarm*.

- Der Ringfinger ist mit dem Element Metall verbunden.
  Die *Lunge* ist das yin-Organ, das von den Metall-Energien beeinflußt wird. Das ihm zugeordnete yang-Organ ist der *Dickdarm*.

- Der kleine Finger steht mit dem Element Wasser in Verbindung.
  Die *Niere* ist das yin-Organ, das von den Energien des Wasser-Elements beeinflußt wird. Als yang-Organ ist ihm die *Blase* zugeordnet.

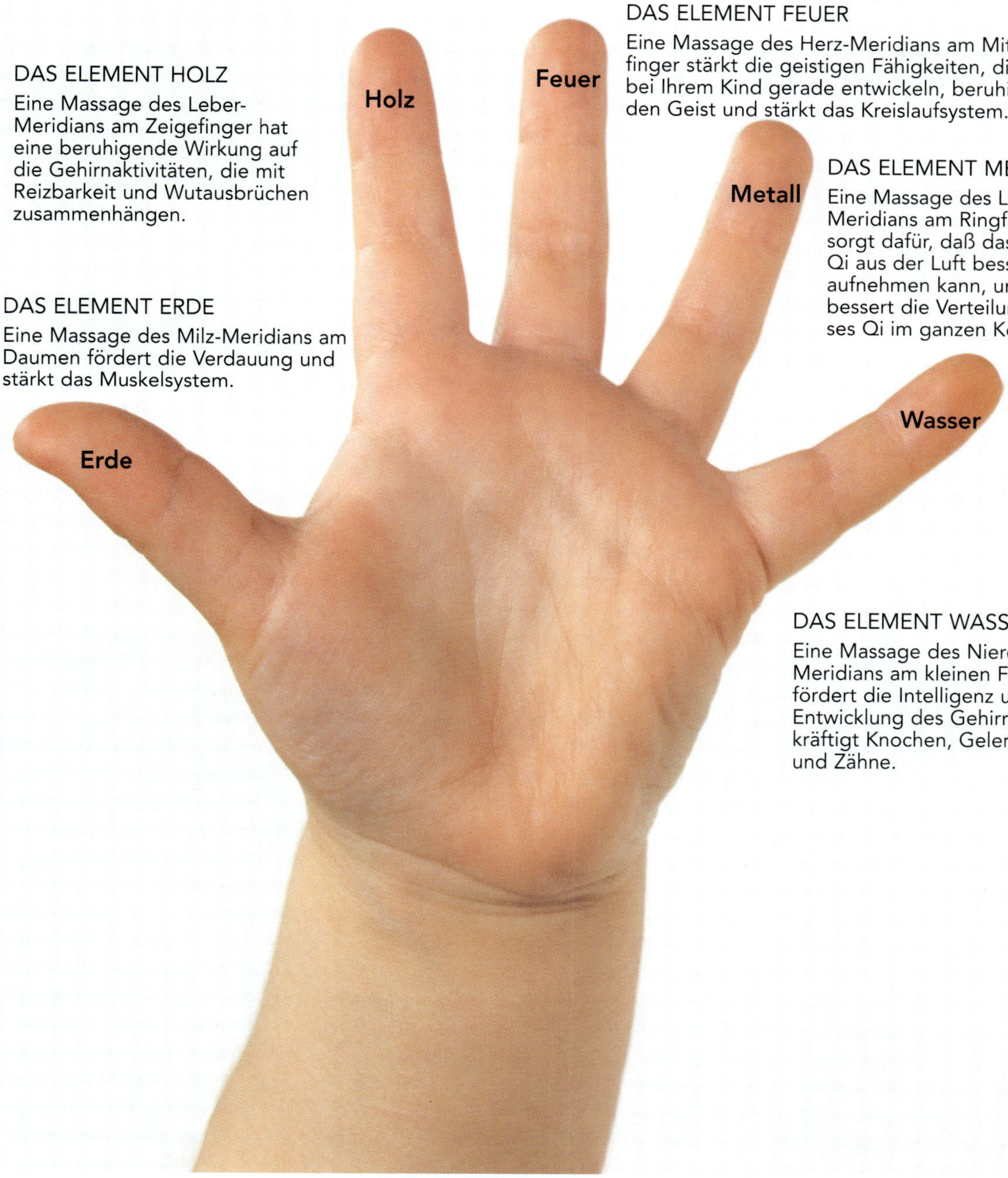

DAS ELEMENT HOLZ

Eine Massage des Leber-Meridians am Zeigefinger hat eine beruhigende Wirkung auf die Gehirnaktivitäten, die mit Reizbarkeit und Wutausbrüchen zusammenhängen.

DAS ELEMENT ERDE

Eine Massage des Milz-Meridians am Daumen fördert die Verdauung und stärkt das Muskelsystem.

DAS ELEMENT FEUER

Eine Massage des Herz-Meridians am Mittelfinger stärkt die geistigen Fähigkeiten, die sich bei Ihrem Kind gerade entwickeln, beruhigt den Geist und stärkt das Kreislaufsystem.

DAS ELEMENT METALL

Eine Massage des Lungen-Meridians am Ringfinger sorgt dafür, daß das Kind Qi aus der Luft besser aufnehmen kann, und verbessert die Verteilung dieses Qi im ganzen Körper.

DAS ELEMENT WASSER

Eine Massage des Nieren-Meridians am kleinen Finger fördert die Intelligenz und die Entwicklung des Gehirns und kräftigt Knochen, Gelenke und Zähne.

Kapitel 2

DIE MASSAGETECHNIKEN

Ehe Sie die gesamte gesundheitsfördernde Ganzkörpermassage verabreichen, die wir Ihnen in Kapitel 3 vorstellen, müssen Sie sich erst einmal mit den drei Grundtechniken der Tui-Na-Massage vertraut machen: Reiben, Kneifen und Kneten. Auf den folgenden Seiten werden alle diese Techniken anhand anschaulicher Anleitungen und Abbildungen erklärt. Üben Sie sie zunächst einmal an sich selbst – beispielsweise an Ihrem Bein oder Ihrem Arm –, bevor Sie Ihr Kind massieren.

Ehe Sie auf bloßer Haut am Rumpf, an Armen, Beinen oder Händen massieren, tauchen Sie Ihre Finger in etwas unparfümierten Babypuder oder in Maismehl, damit die Finger sanfter und weicher über die Haut gleiten. Das ist vor allem bei kleinen Babys wichtig, die noch eine sehr zarte, empfindliche Haut haben. Für die Massage im Gesicht oder auf der Stirn können Sie Wasser oder ein sehr feines, leichtes Öl benutzen – aber bitte nur so viel, daß sich die Haut hinterher nicht fettig anfühlt.

Achten Sie darauf, daß Ihre Fingernägel kurz geschnitten sind, und wärmen Sie vor der Massage Ihre Hände an. Massieren Sie leicht, aber dennoch mit festem Druck, vor allem, wenn es in den Anleitungen heißt, daß Sie sanft und behutsam vorgehen sollen.

Vorsicht: Nicht auf Wunden, wunden Stellen oder rissiger Haut (beispielsweise bei Ekzemen) massieren!

WIRKUNGEN DES REIBENS

- beruhigt und trägt zur Entspannung bei
- erzeugt Wärme
- bringt das Qi in Bewegung
- regt die Blutzirkulation an

WIRKUNGEN DES KNETENS

- fördert den Qi-Fluß
- macht das Gewebe unter der Haut durchlässiger für das Qi

WIRKUNGEN DES KNEIFENS

- bringt das Qi in Bewegung
- regt eine gesunde Entwicklung des Gewebes an

TUI NA: CHINESISCHE MASSAGE AUF VIDEO

Von Maria Mercati

TUI NA - DIE 12 WICHTIGSTEN TECHNIKEN FÜR KLEINKINDER VON 0-6 JAHRE IN DEUTSCH

Preis: £14.99 (britische Pfund), plus £2.50 Verpackung & Versand für Europa

Länge: 37 Minuten

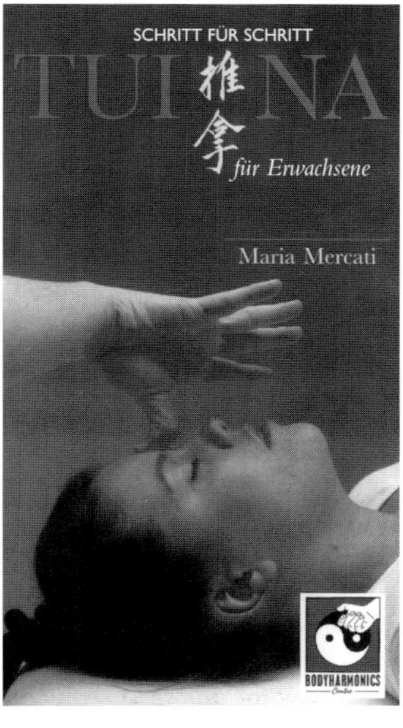

TUI NA - TECHNIKEN UND GRUNDANWENDUNGEN FÜR ERWACHSENE UND KINDER AB 7 JAHRE IN DEUTSCH

Preis: £14.99 (britische Pfund), plus £2.50 Verpackung & Versand für Europa

Länge: 59 Minuten

Reiben

Durch Reiben über die Oberfläche der Haut erzeugt man Wärme und Reibung; das bringt das Qi in Bewegung. Reiben Sie mit leichten, raschen Bewegungen und gleichmäßigem Druck auf der zu behandelnden Fläche hin und her. Sie können auf bloßer Haut, aber auch durch die Kleidung hindurch reiben.

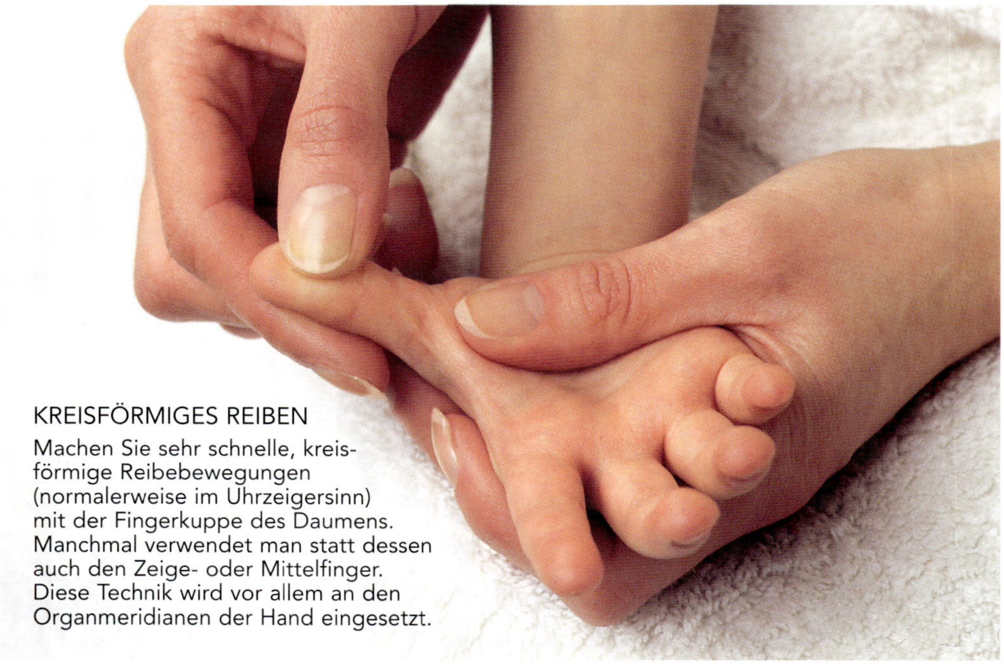

KREISFÖRMIGES REIBEN

Machen Sie sehr schnelle, kreisförmige Reibebewegungen (normalerweise im Uhrzeigersinn) mit der Fingerkuppe des Daumens. Manchmal verwendet man statt dessen auch den Zeige- oder Mittelfinger. Diese Technik wird vor allem an den Organmeridianen der Hand eingesetzt.

REIBEN IN GERADER LINIE

Reiben Sie mit der Fingerkuppe des Daumens rasch in einer geraden Linie. Bei manchen Massageschritten wird nur in einer Richtung gerieben, bei anderen reibt man hin und her. Bei einigen Teilen der Ganzkörpermassage in Kapitel 3 müssen Sie gleichzeitig mit beiden Daumen nach außen reiben, beispielsweise von der Mitte des Handgelenks ausgehend.

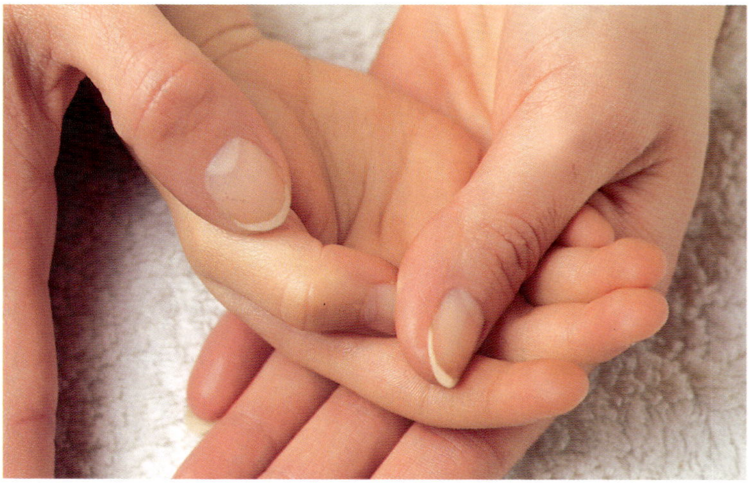

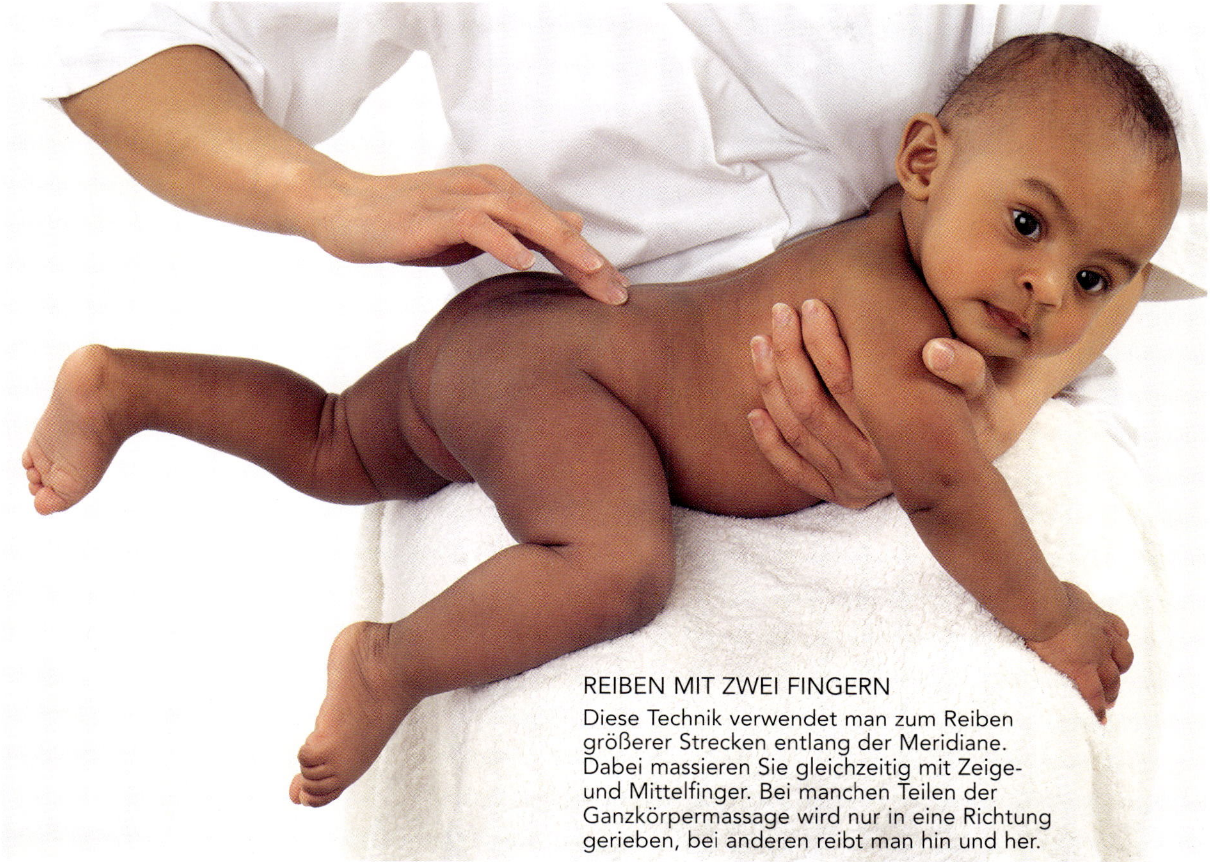

REIBEN MIT ZWEI FINGERN

Diese Technik verwendet man zum Reiben größerer Strecken entlang der Meridiane. Dabei massieren Sie gleichzeitig mit Zeige- und Mittelfinger. Bei manchen Teilen der Ganzkörpermassage wird nur in eine Richtung gerieben, bei anderen reibt man hin und her.

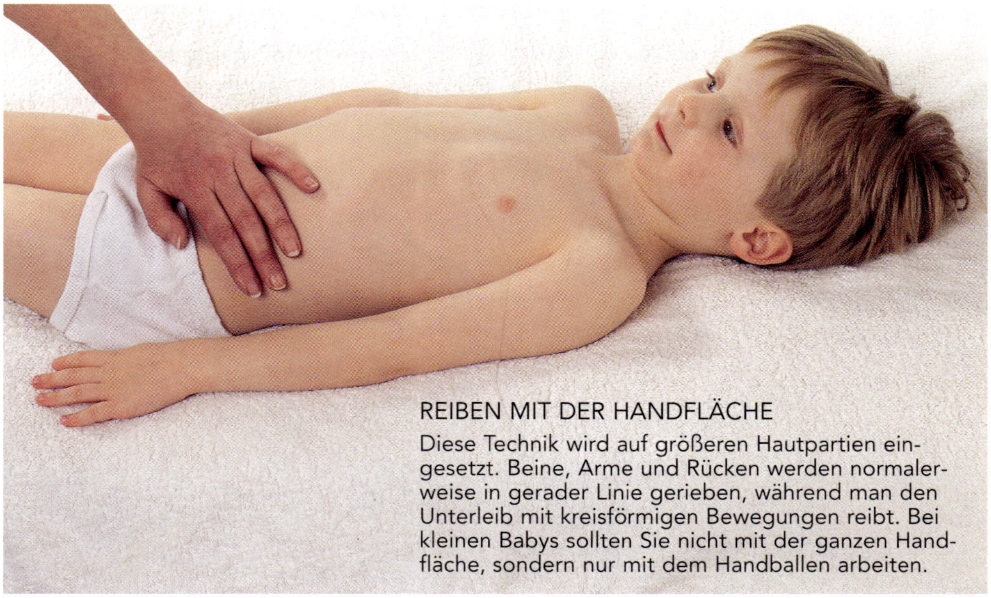

REIBEN MIT DER HANDFLÄCHE

Diese Technik wird auf größeren Hautpartien eingesetzt. Beine, Arme und Rücken werden normalerweise in gerader Linie gerieben, während man den Unterleib mit kreisförmigen Bewegungen reibt. Bei kleinen Babys sollten Sie nicht mit der ganzen Handfläche, sondern nur mit dem Handballen arbeiten.

Kneten

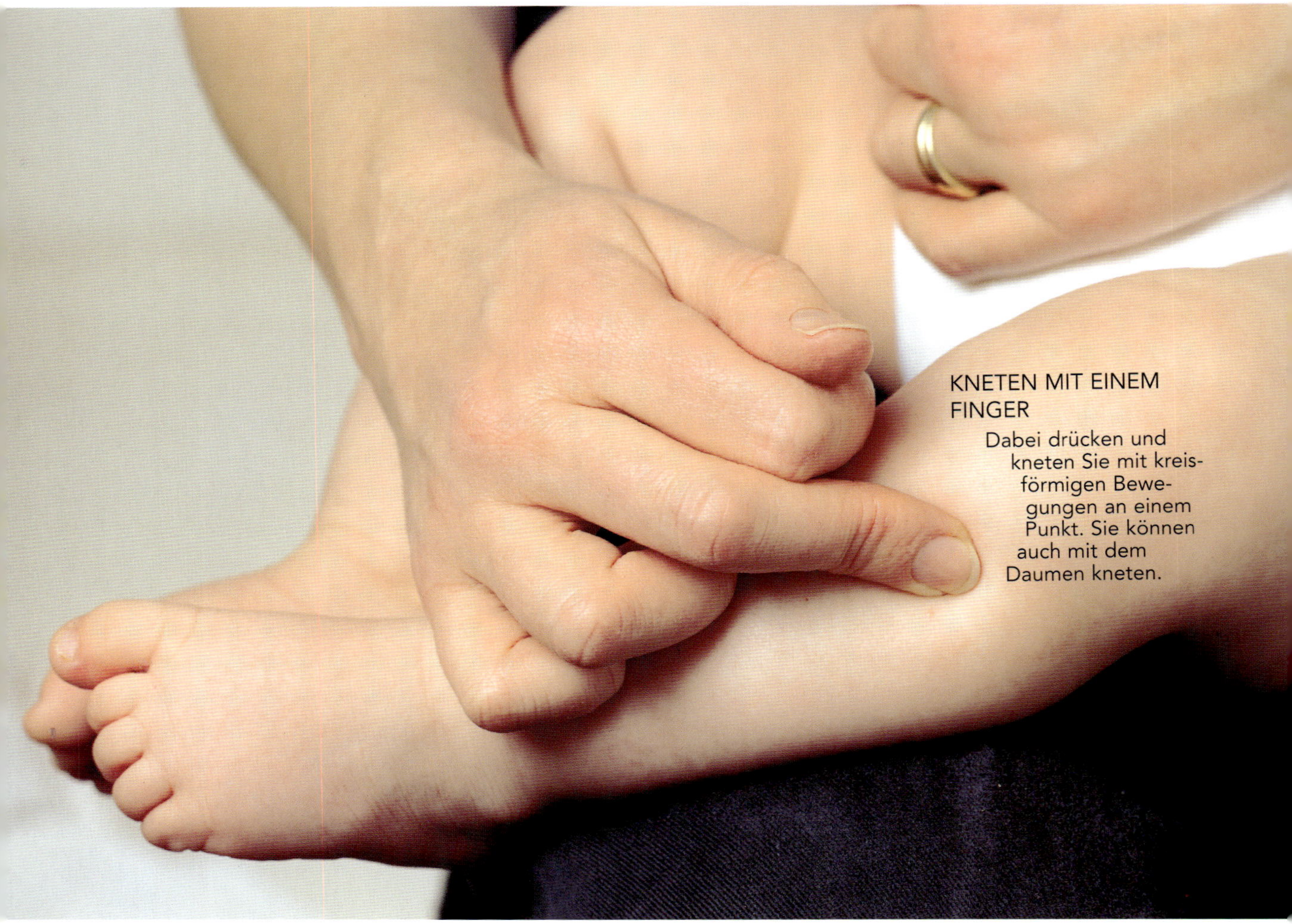

KNETEN MIT EINEM FINGER

Dabei drücken und kneten Sie mit kreisförmigen Bewegungen an einem Punkt. Sie können auch mit dem Daumen kneten.

Kneten verbindet sanften Druck mit Bewegung. Ihre Hand sollte dabei nicht über die Haut gleiten wie beim Reiben, sondern sollte die Haut des Kindes gegen das darunter liegende Gewebe verschieben. Man kann hin und her oder mit kreisförmigen Bewegungen kneten.

Durch das Kneten werden Qi-Punkte stimuliert, an denen der Qi-Fluß sich beeinflussen läßt.

KNETEN MIT ZWEI FINGERN

Machen Sie mit Mittel- und Zeigefinger zusammen kleine Kreisbewegungen.

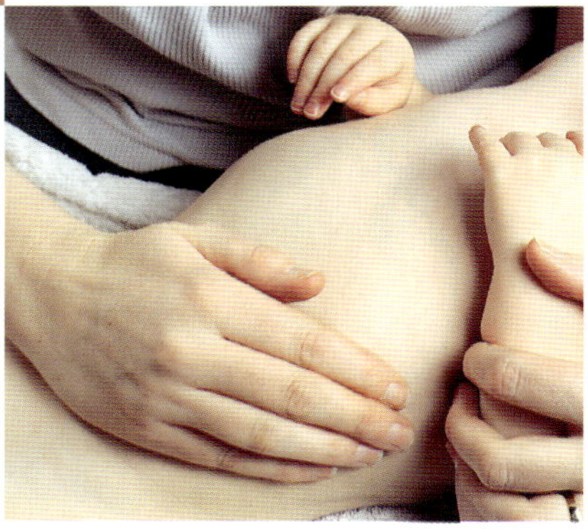

KNETEN MIT DEM HANDBALLEN

Auf größeren Flächen kneten Sie in kreisförmigen Bewegungen mit dem Handballen.

Kneifen

Beim Kneifen üben Sie aus zwei entgegengesetzten Richtungen gleichzeitig Druck auf das Gewebe aus. Normalerweise drückt man dabei mit dem Daumen gegen Zeige- und Mittelfinger. Bei jedem Kneifen sollten Sie das Fleisch leicht nach oben ziehen.

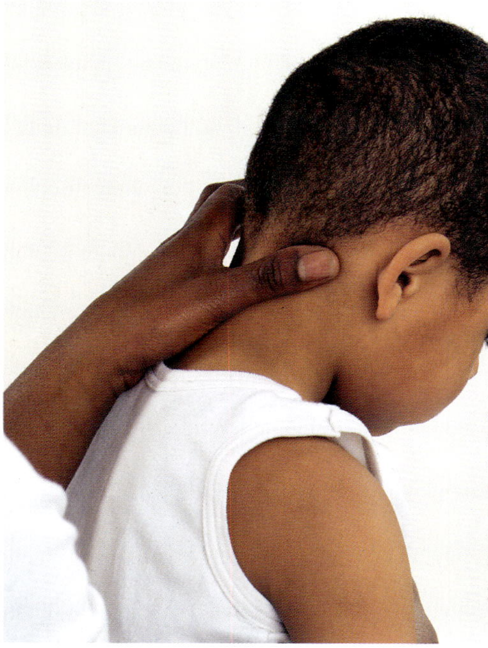

KNEIFEN AM NACKEN ENTLANG

Legen Sie Zeige- und Mittelfinger an eine Seite des Halses und den Daumen an die andere. Üben Sie festen Druck aus, und ziehen Sie dabei das Fleisch ein Stück nach oben. Kneifen Sie von unten nach oben und dann wieder von oben nach unten am Nacken entlang; zwischen jedem Kneif-Griff sollte ein Abstand von ungefähr 1 cm liegen. Wiederholen Sie das 10- bis 20mal.

KNEIFEN AM BEIN

Bei größeren Kindern können Sie an Armen und Beinen mit der ganzen Hand kneifen; bei Babys verwenden Sie dazu nur Daumen, Zeige- und Mittelfinger. Kneifen Sie am Bein entlang nach oben und dann wieder nach unten. Ziehen Sie das Fleisch dabei leicht hoch, und schieben Sie Ihre Hand nach jedem Kneif-Griff etwa 1 cm weiter.

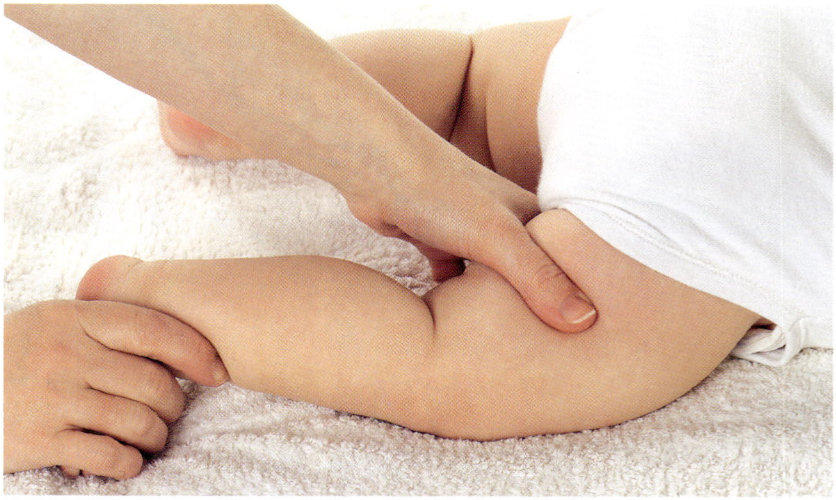

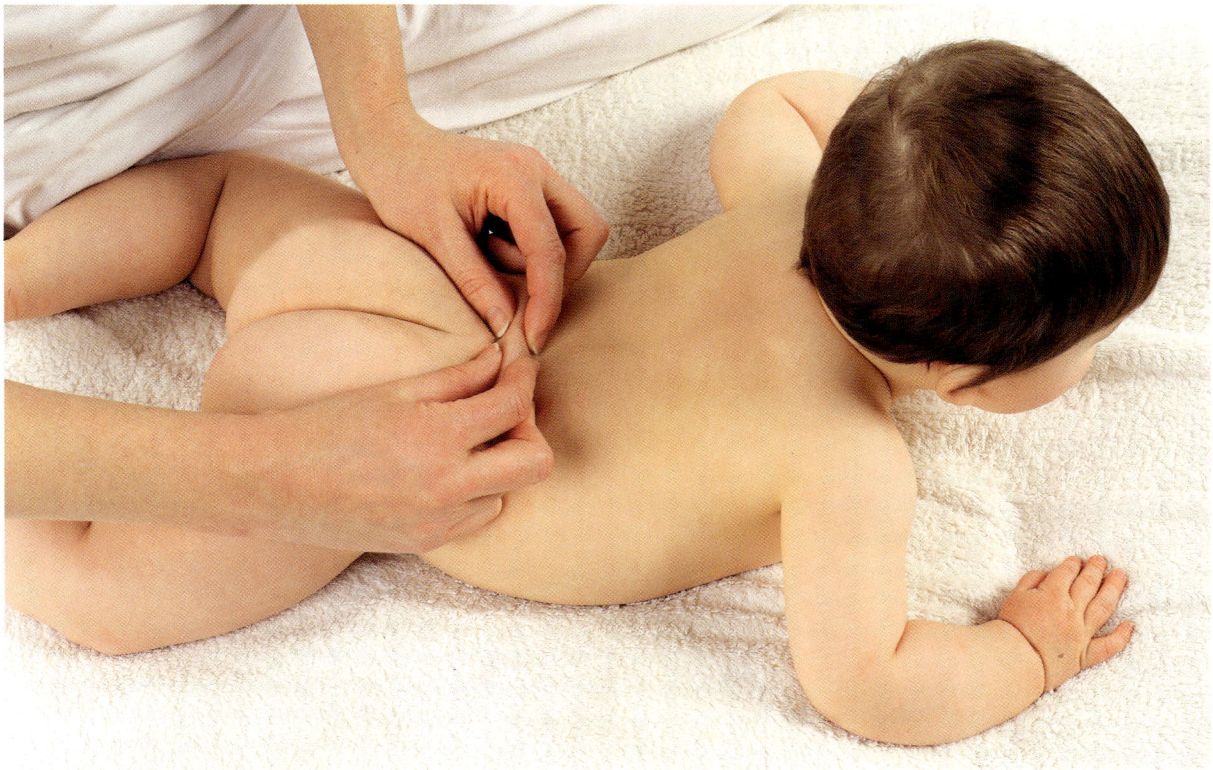

KNEIFEN AN DER WIRBELSÄULE ENTLANG

Beginnen Sie am unteren Ende der Wirbelsäule, kneifen Sie die Haut zwischen Daumen, Zeige- und Mittelfinger und ziehen Sie das Fleisch dabei leicht hoch. Schieben Sie eine Hand 2 cm an der Wirbelsäule hoch, und wiederholen Sie diesen Griff. Dann schieben Sie die andere Hand ebenfalls ein Stück nach oben, so daß beide Hände auf gleicher Höhe liegen, und wiederholen Sie den Griff noch einmal. So arbeiten Sie sich an der ganzen Wirbelsäule entlang nach oben.

Vorsicht: Nicht bei Babys unter zwei Wochen anwenden! Bei kleinen Babys sehr sanft und vorsichtig massieren.

Kapitel 3

Die Ganzkörpermassage

Diese einzigartige Massage, die ein gesundes Wachstum und eine gesunde Entwicklung fördert, ist in sieben Abschnitte unterteilt, bei der jeweils verschiedene Körperbereiche behandelt werden. Jeder Schritt der Ganzkörpermassage wird anschaulich erklärt und illustriert. Erläuterungen zum speziellen Nutzen einzelner Teile der Massage sind mit dem chinesischen Schriftzeichen für «Qi» gekennzeichnet. Immer dann, wenn ein bestimmter Massageschritt auch für die Behandlung einer Kinderkrankheit oder eines bei Kindern häufig auftretenden Problems eingesetzt werden kann, finden Sie einen «Behandlungs-Tip» mit näheren Anleitungen hierzu.

Auf den meisten Fotos sind die Kinder in Unterwäsche abgebildet, damit Sie die Punkte, an denen Sie arbeiten müssen, deutlich erkennen können; doch wenn es Ihnen lieber ist, können Sie sämtliche Teile dieser Massage auch am angezogenen Kind durchführen. Wenn das Kind nackt ist, achten Sie darauf, daß es im Zimmer warm ist und nicht zieht.

Massieren Sie sanft, aber mit festem Druck. Wenn das Kind unruhig werden sollte, massieren Sie leichter und wechseln Sie zu einem anderen Körperteil über. Wenn es weinerlich wird, brechen Sie die Behandlung ab – das Kind wird trotzdem von dem Teil der Massage profitieren, den Sie bisher ausgeführt haben. Sobald es sich an die Massage gewöhnt, wird es die einzelnen Massageschritte erkennen und immer schon im voraus wissen, was als nächstes kommt.

Führen Sie am Anfang immer nur einen Teil der Ganzkörpermassage durch. Sobald Sie sich mit allen Teilen vertraut gemacht haben, können Sie sie in der Reihenfolge aneinanderfügen, die Ihnen am liebsten ist. Damit Ihr Kind optimalen Nutzen daraus ziehen kann, sollten Sie ihm die ganze Massage ein- oder zweimal pro Woche gönnen.

Hände und Finger

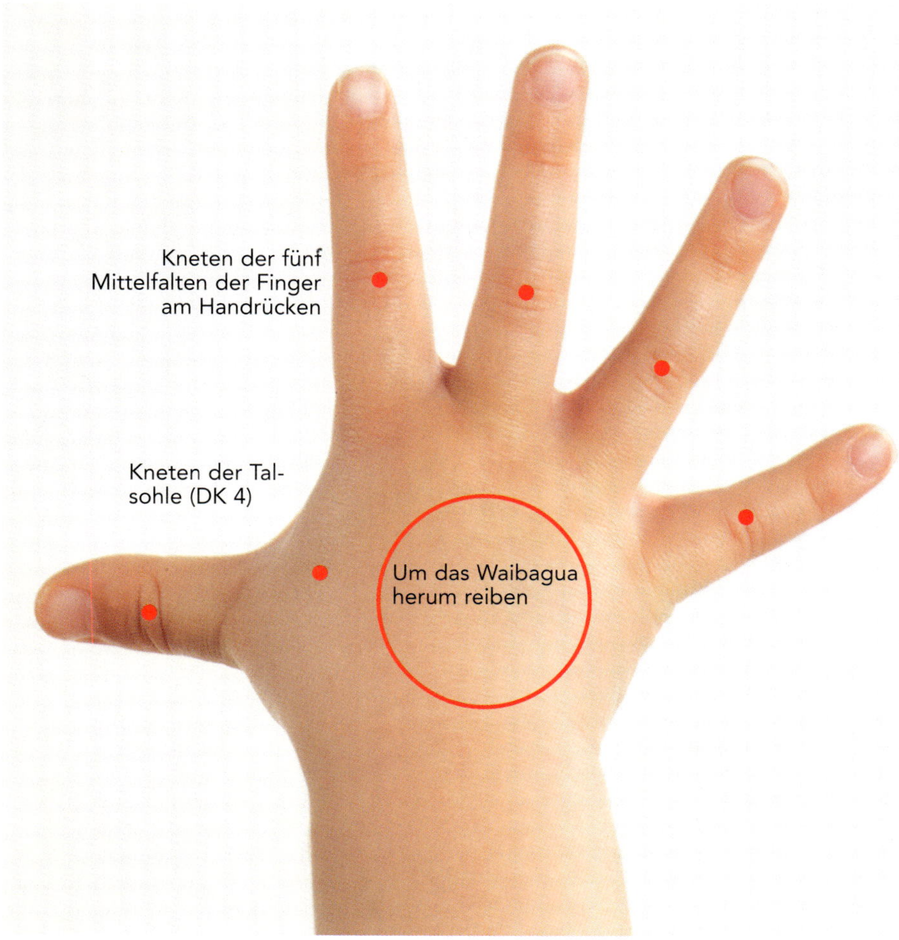

Bei diesem Teil der Ganzkörpermassage kann das Kind neben Ihnen oder Ihnen gegenüber sitzen, so daß Sie an seiner Handinnenfläche und seinem Handrücken massieren können. Ein kleineres Kind oder Baby können Sie auf Ihrem Schoß sitzen lassen. Während Sie die Anleitungen für die Massageschritte in diesem Abschnitt befolgen, schauen Sie sich bitte immer wieder diese Fotos (oben und rechts) an. Die genauen Stellen der Qi-Punkte und -Flächen tragen die Bezeichnung des entsprechenden Massageschritts. Massieren Sie jede Hand für sich.

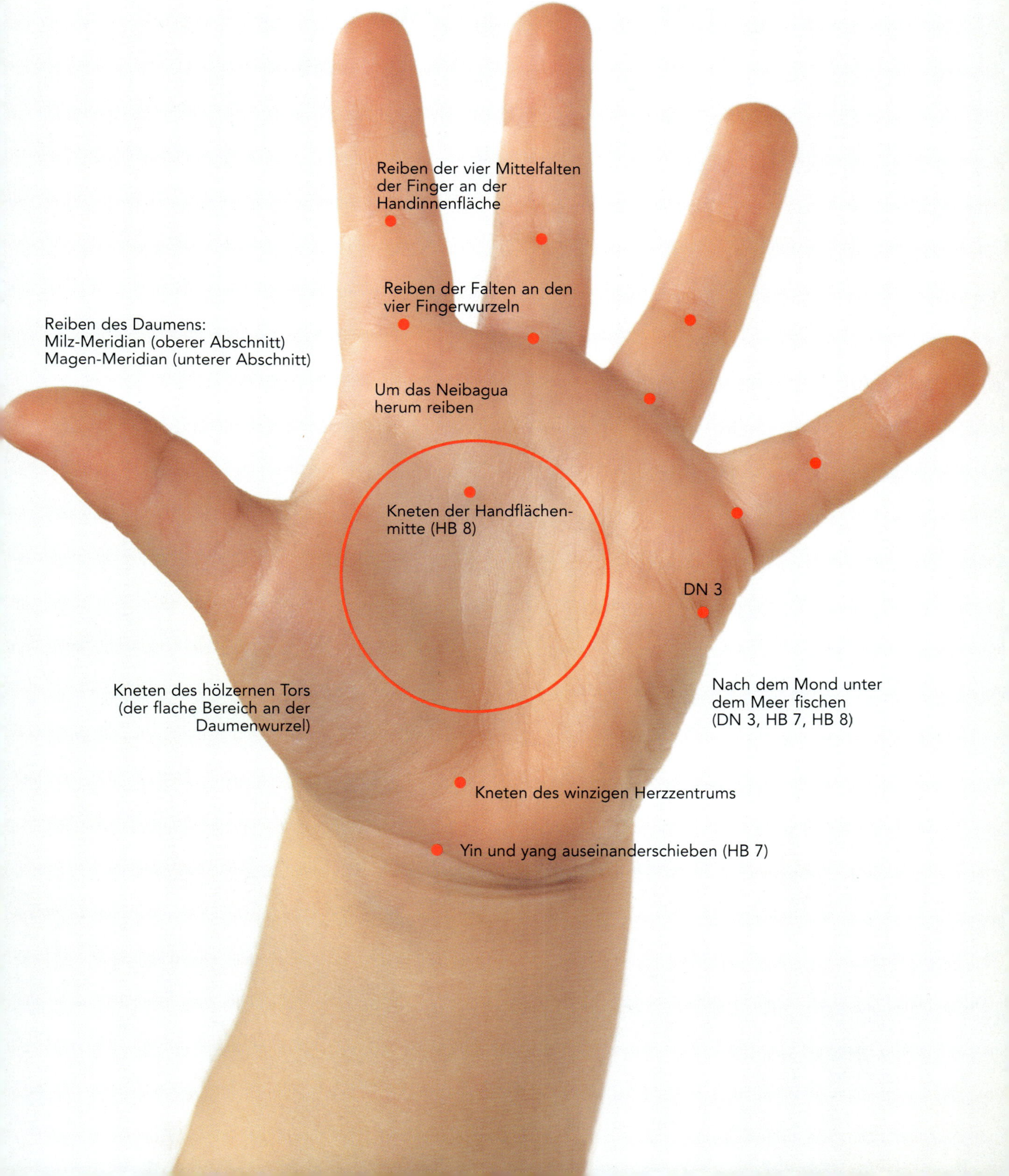
Reiben der vier Mittelfalten
der Finger an der
Handinnenfläche
Reiben der Falten an den
vier Fingerwurzeln
Reiben des Daumens:
Milz-Meridian (oberer Abschnitt)
Magen-Meridian (unterer Abschnitt)
Um das Neibagua
herum reiben
Kneten der Handflächen-
mitte (HB 8)
DN 3
Kneten des hölzernen Tors
(der flache Bereich an der
Daumenwurzel)
Nach dem Mond unter
dem Meer fischen
(DN 3, HB 7, HB 8)
Kneten des winzigen Herzzentrums
Yin und yang auseinanderschieben (HB 7)

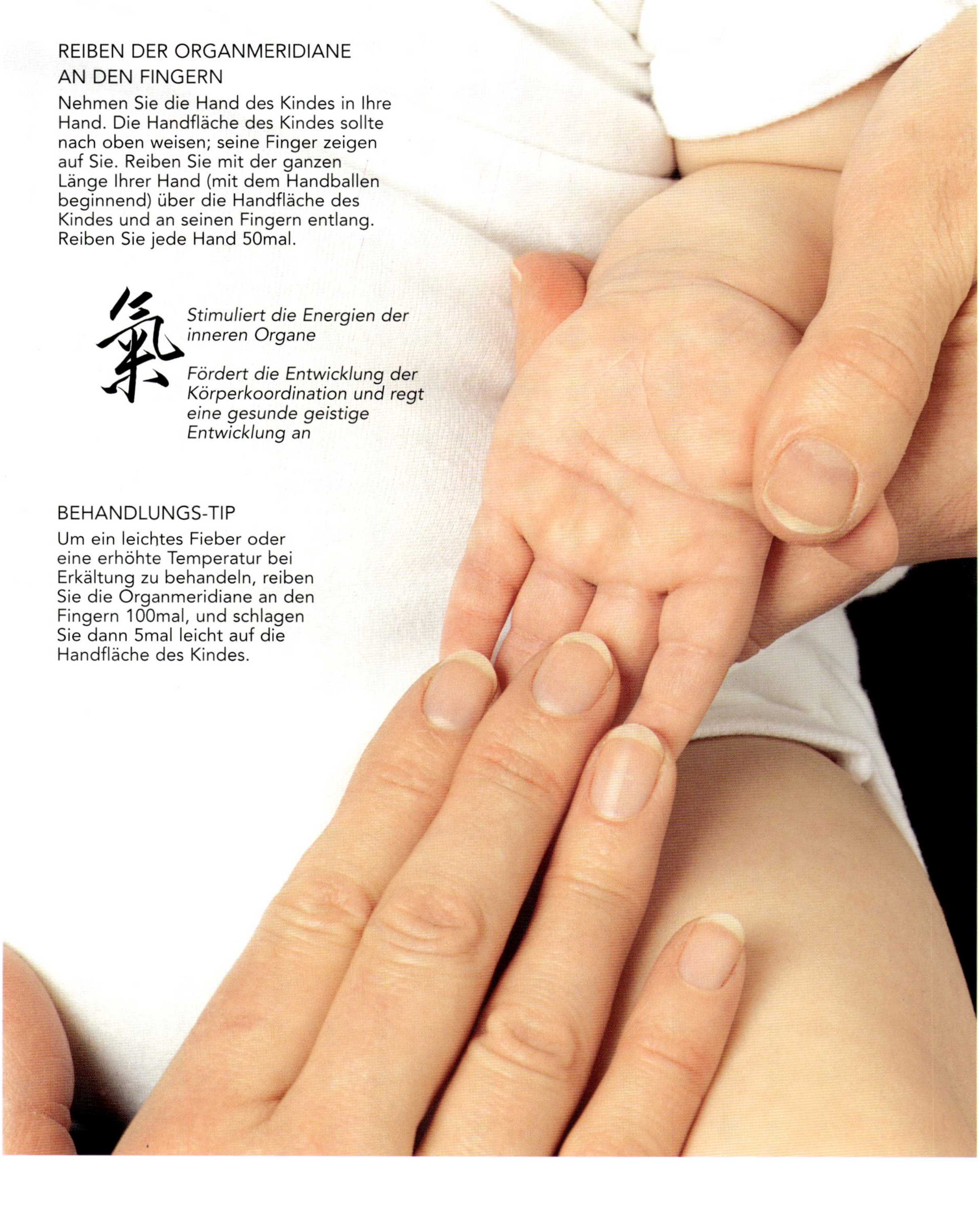

REIBEN DER ORGANMERIDIANE AN DEN FINGERN

Nehmen Sie die Hand des Kindes in Ihre Hand. Die Handfläche des Kindes sollte nach oben weisen; seine Finger zeigen auf Sie. Reiben Sie mit der ganzen Länge Ihrer Hand (mit dem Handballen beginnend) über die Handfläche des Kindes und an seinen Fingern entlang. Reiben Sie jede Hand 50mal.

氣

Stimuliert die Energien der inneren Organe

Fördert die Entwicklung der Körperkoordination und regt eine gesunde geistige Entwicklung an

BEHANDLUNGS-TIP

Um ein leichtes Fieber oder eine erhöhte Temperatur bei Erkältung zu behandeln, reiben Sie die Organmeridiane an den Fingern 100mal, und schlagen Sie dann 5mal leicht auf die Handfläche des Kindes.

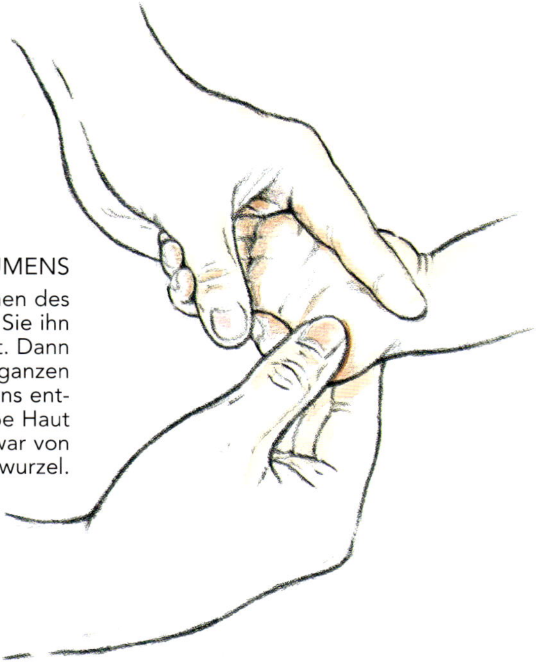

REIBEN DES DAUMENS

Beugen Sie den Daumen des Kindes leicht, und halten Sie ihn in dieser Position fest. Dann reiben Sie 50mal an der ganzen Innenseite des Daumens entlang, wo rosa und weiße Haut aufeinandertreffen, und zwar von der Spitze zur Daumenwurzel.

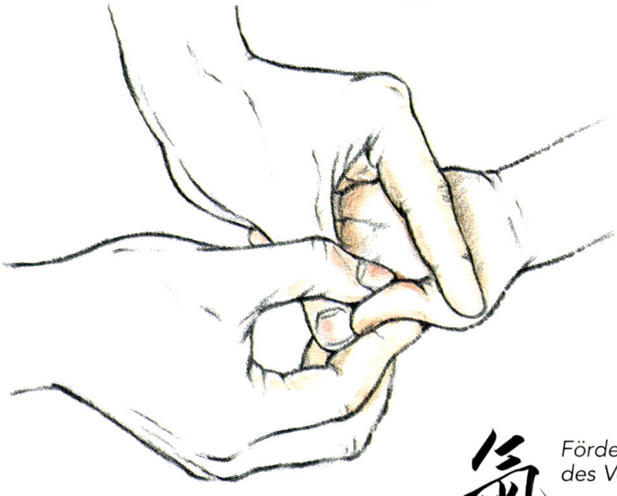

Halten Sie den Daumen des Kindes weiterhin leicht gebeugt, und reiben Sie das obere Daumenglied (den Milz-Meridian) 50mal im Uhrzeigersinn mit der Fingerkuppe Ihres Daumens.

Wiederholen Sie das gleiche am unteren Daumenglied (dem Magen-Meridian).

氣 *Fördert eine gesunde Funktion des Verdauungssystems*

BEHANDLUNGS-TIP

Bei Appetitmangel und Energielosigkeit reiben Sie abwechselnd Milz- und Magen-Meridian, und zwar in kreisförmigen Bewegungen im Uhrzeigersinn (100–300mal).

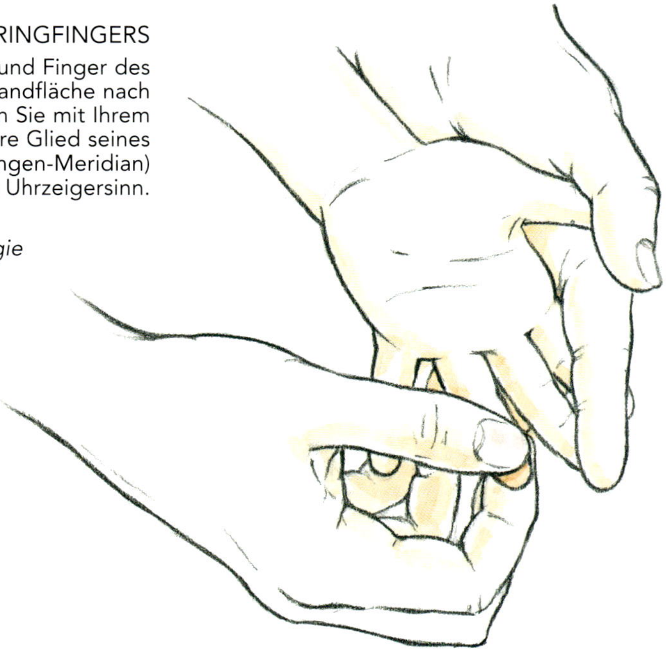

REIBEN DES RINGFINGERS

Halten Sie Hand und Finger des Kindes so, daß die Handfläche nach oben zeigt, und reiben Sie mit Ihrem Daumen das obere Glied seines Ringfingers (den Lungen-Meridian) 50mal im Uhrzeigersinn.

氣 *Stärkt die Lungenenergie*

BEHANDLUNGS-TIP

Bei hartnäckigem Husten reiben Sie den Lungen-Meridian am Ringfinger 300mal mit kreisförmigen Bewegungen.

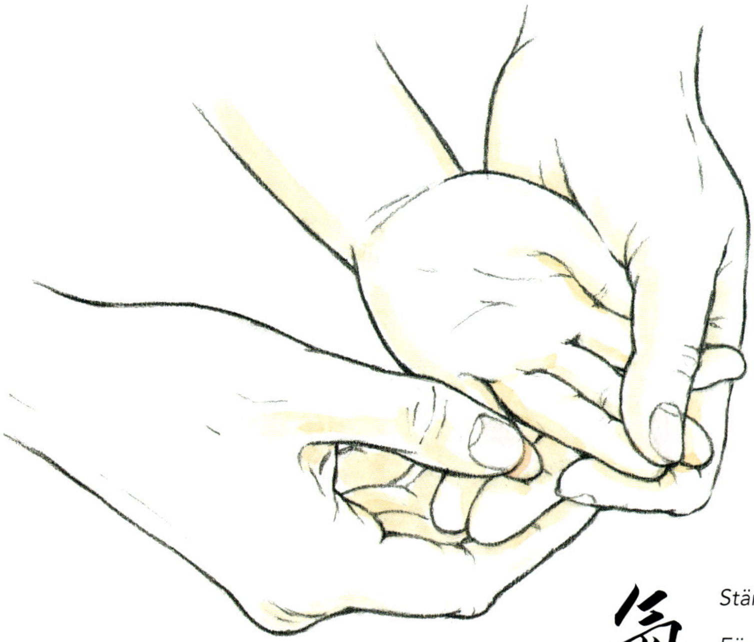

REIBEN DES KLEINEN FINGERS

Reiben Sie das oberste Glied des kleinen Fingers (den Nieren-Meridian) mit dem Daumen 50mal im Uhrzeigersinn.

氣 *Stärkt die Nierenenergie*

Fördert die Entwicklung des Gehirns

UM DAS NEIBAGUA HERUM REIBEN

Das Neibagua ist eine kreisförmige Fläche im Zentrum der Handfläche; sein Durchmesser beträgt zwei Drittel der Entfernung von der Handflächenmitte bis zum Mittelfinger. Reiben Sie mindestens 50mal im Uhrzeigersinn um das Neibagua herum.

氣

Stärkt die Energie sämtlicher Organe

Regt das zentrale Nervensystem an

KNETEN DER HANDFLÄCHENMITTE

Halten Sie die Hand des Kindes in Ihrer Hand. Seine Handfläche zeigt nach oben, die Finger sind geschlossen und leicht nach hinten gebogen. Kneten Sie den Punkt, wo der Mittelfinger die Handfläche berührt, wenn die Faust leicht geballt ist (HB 8), mindestens 30mal mit kreisförmigen Bewegungen.
Bei sehr kleinen Babys kneten Sie mit dem kleinen Finger, bei größeren Kindern mit Mittelfinger oder Daumen.

Wirkt beruhigend

Fördert ein gutes Schlafverhalten

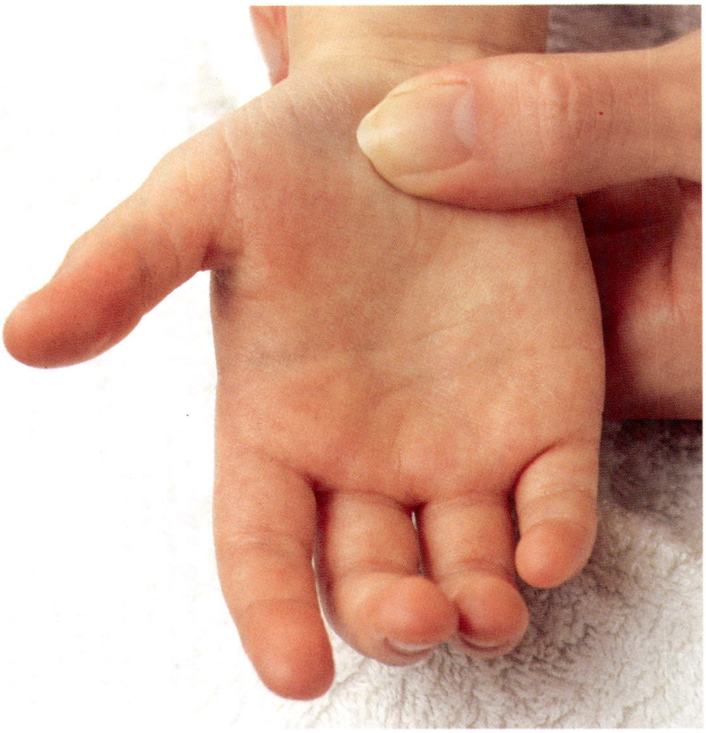

KNETEN DES WINZIGEN HERZZENTRUMS

Dieser Punkt liegt auf der Handfläche, und zwar in der Vertiefung direkt oberhalb der Mitte der Handwurzelfalte. Kneten Sie ihn 50mal. Die Chinesen nennen diesen Punkt Xiaotianxin.

Beruhigt den Geist

Fördert ein gutes Schlafverhalten

NACH DEM MOND UNTER DEM MEER FISCHEN

Halten Sie die Hand des Kindes so, daß seine Handfläche nach oben zeigt und die Finger geschlossen und leicht nach hinten gebogen sind. Reiben Sie mit dem Daumen von der Falte unterhalb der Kleinfingerwurzel (DN 3) am äußeren Rand der Handfläche entlang und dann zur Mitte der Handwurzelfalte (HB 7), anschließend nach oben in den Handteller hinein (HB 8). Wiederholen Sie das 50mal.

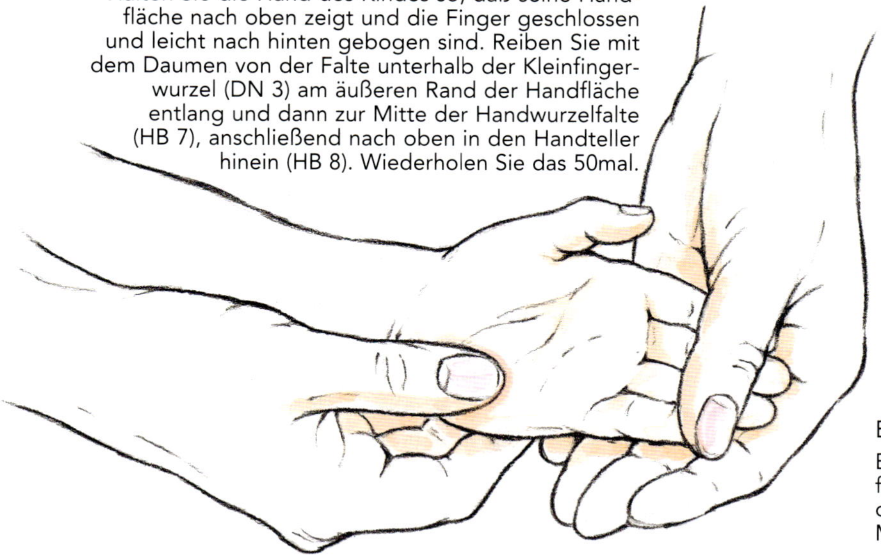

氣 *Beruhigt unruhige Kinder*

BEHANDLUNGS-TIP

Bei unruhigen Kindern fischen Sie 100mal nach dem Mond unter dem Meer.

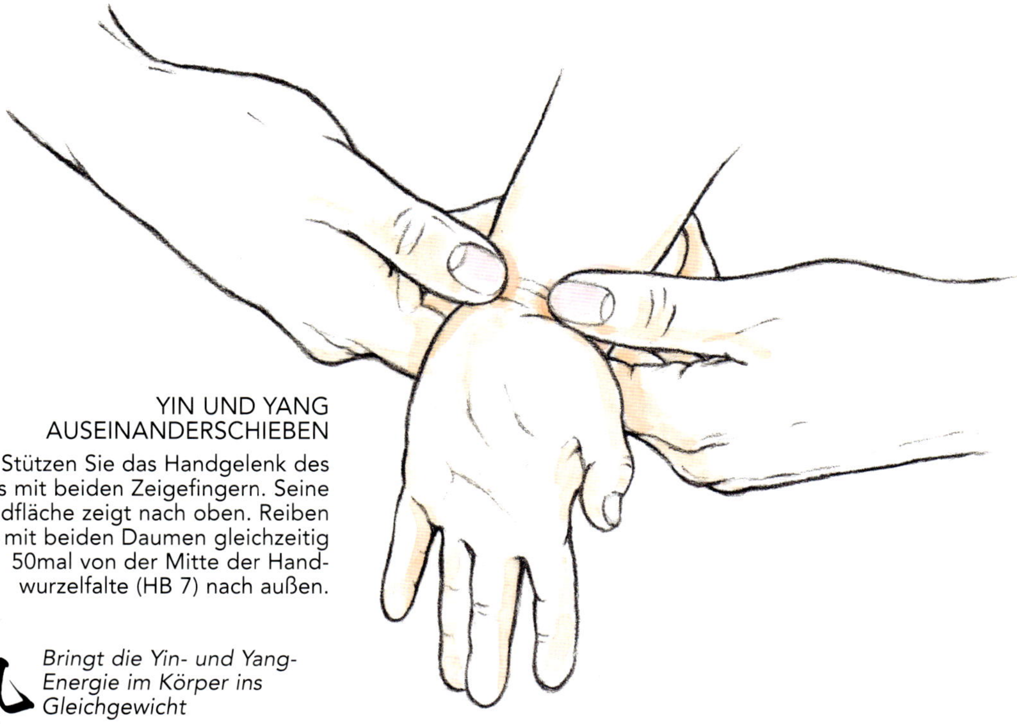

YIN UND YANG AUSEINANDERSCHIEBEN

Stützen Sie das Handgelenk des Kindes mit beiden Zeigefingern. Seine Handfläche zeigt nach oben. Reiben Sie mit beiden Daumen gleichzeitig 50mal von der Mitte der Handwurzelfalte (HB 7) nach außen.

氣 *Bringt die Yin- und Yang-Energie im Körper ins Gleichgewicht*

Verbessert die Verdauung

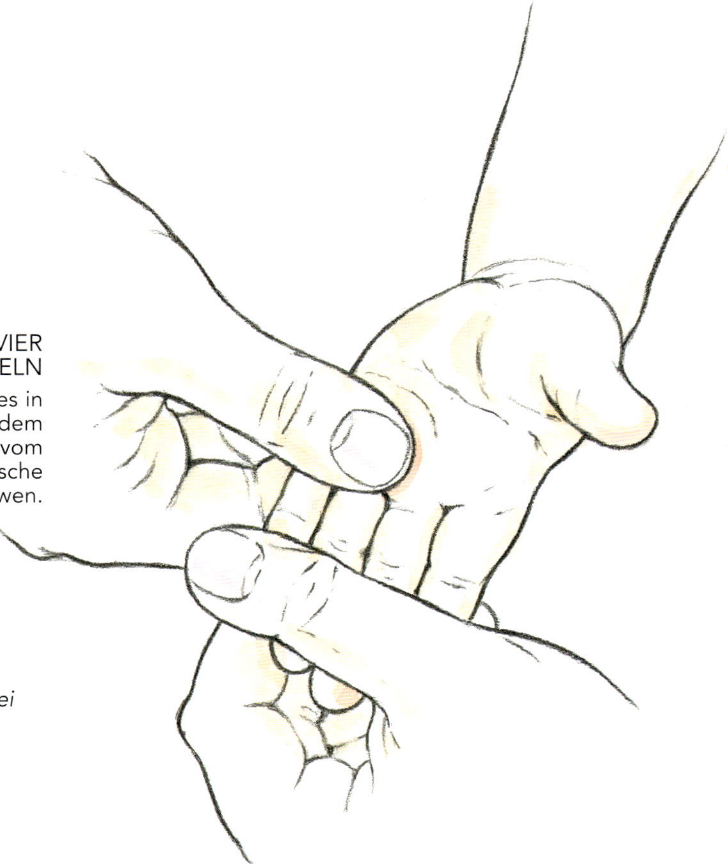

REIBEN DER FALTEN AN DEN VIER FINGERWURZELN

Suchen Sie die Falten, wo die Finger des Kindes in die Handfläche übergehen. Reiben Sie mit dem Daumen 50mal quer darüber hinweg, und zwar vom Zeigefinger zum kleinen Finger hin. Der chinesische Name für diese Falten lautet Xiaohengwen.

氣 *Kräftigt die Lungen*

Trägt zur Vorbeugung von Halsschmerzen und Husten bei

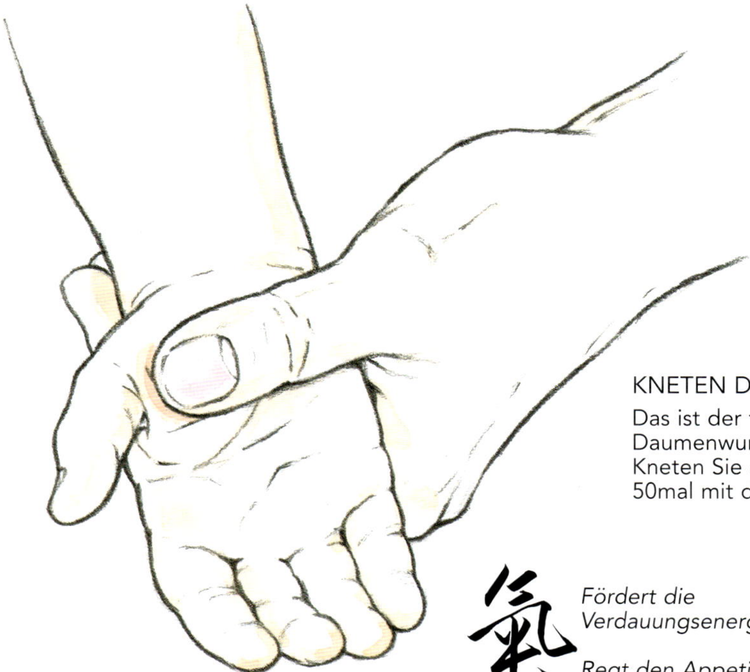

KNETEN DES HÖLZERNEN TORS

Das ist der flache Bereich an der Daumenwurzel, auf dem Handteller. Kneten Sie diese Fläche (Banmen) 50mal mit dem Daumen.

氣 *Fördert die Verdauungsenergie*

Regt den Appetit an

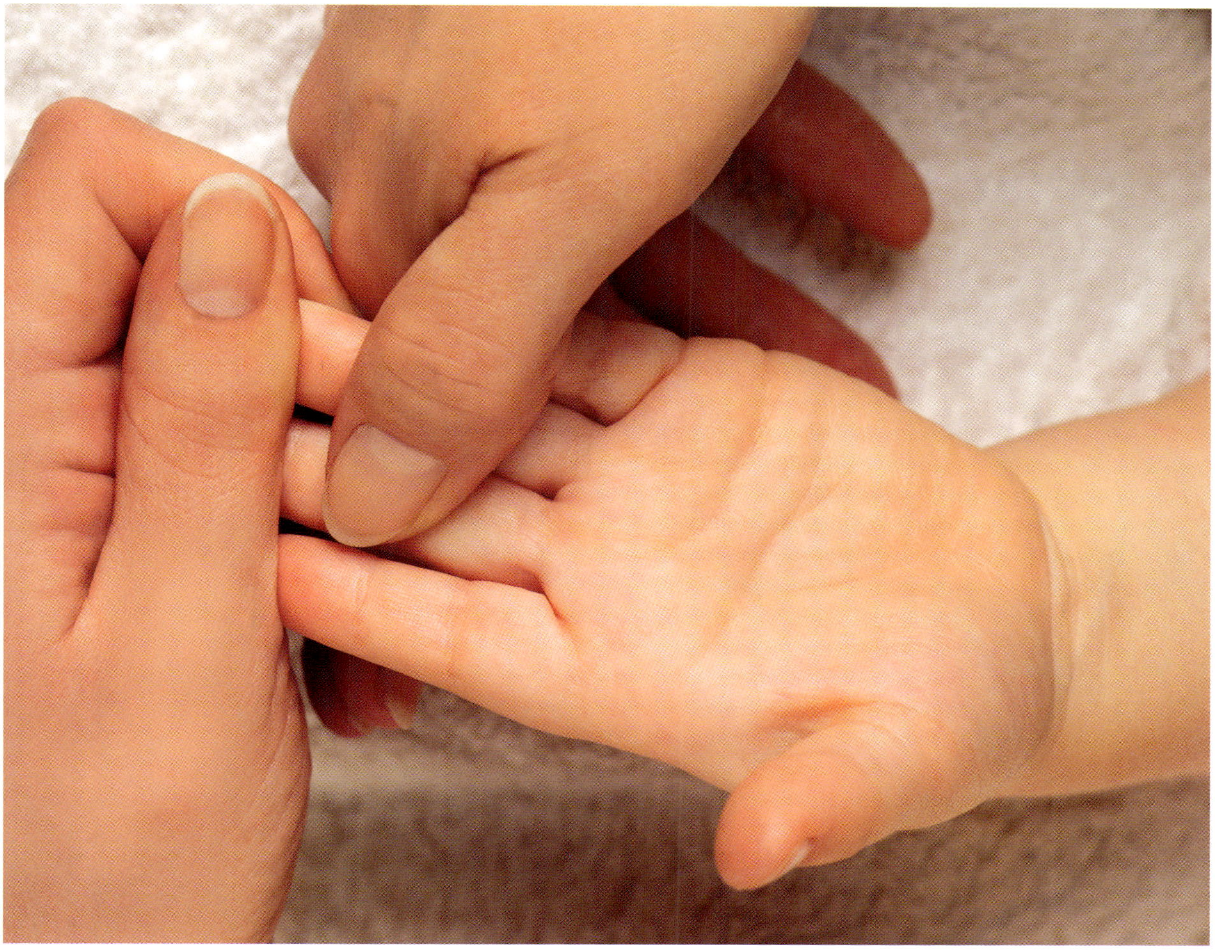

REIBEN DER VIER MITTELFALTEN DER FINGER AN DER HANDINNENFLÄCHE

Halten Sie die Hand des Kindes so, daß die Handfläche nach oben zeigt, und reiben Sie 50mal quer über die Mittelfalten der Finger, und zwar vom Zeigefinger zum kleinen Finger hin. Diese Falten heißen auf chinesisch Sihengwen.

Verbessert die Verdauung

氣

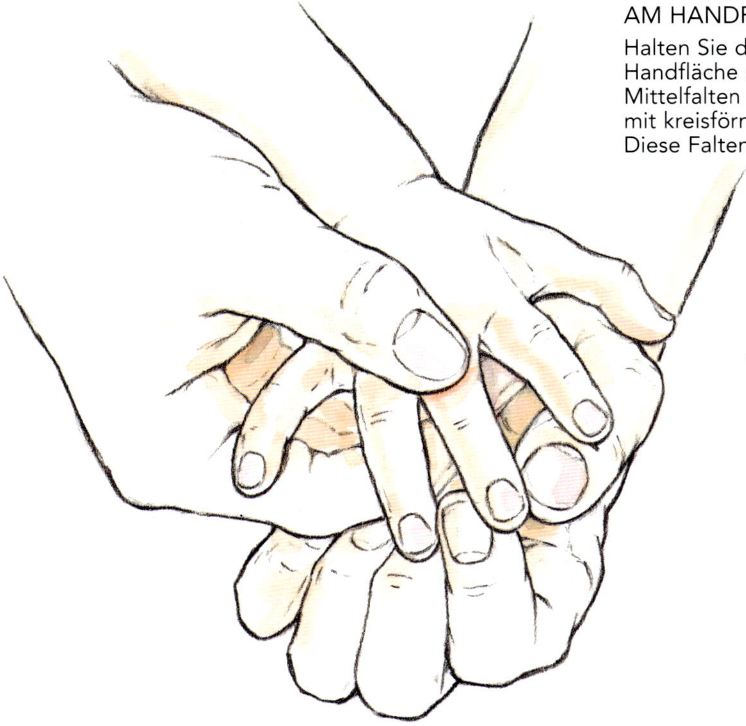

KNETEN DER FÜNF MITTELFALTEN DER FINGER AM HANDRÜCKEN

Halten Sie die Hand des Kindes so, daß seine Handfläche nach unten zeigt, und kneten Sie die Mittelfalten an jedem Finger und am Daumen 50mal mit kreisförmigen Bewegungen.
Diese Falten heißen auf chinesisch Wuzhijie.

氣

Beruhigt den Geist

Verbessert die Beweglichkeit und Koordination der Finger

KNETEN DER TALSOHLE

Kneten Sie den Punkt in dem fleischigen Bereich zwischen Zeigefingerwurzel und Daumenwurzel (DK 4). Wiederholen Sie das 50mal.

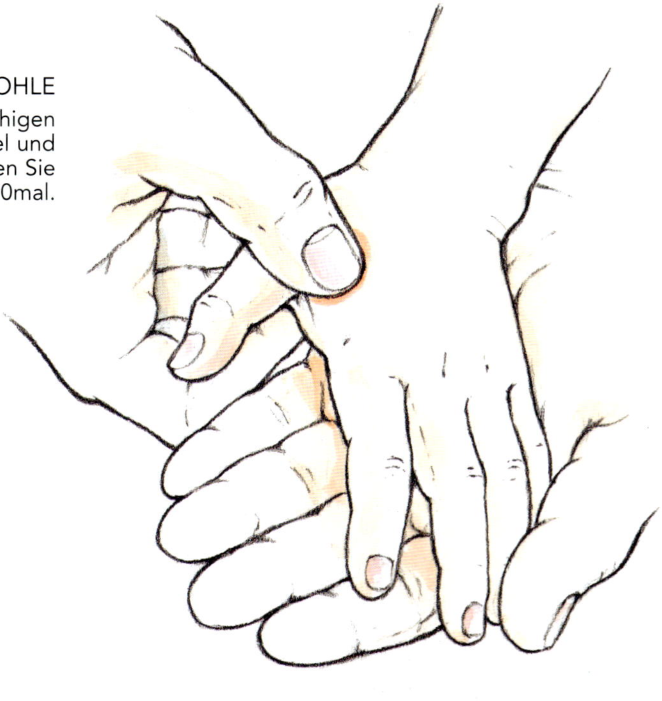

氣

Stimuliert den Qi-Fluß in allen Meridianen

Regt das Immunsystem an

BEHANDLUNGS-TIP

Bei akuten Ohren- und Zahnschmerzen, Schnupfen und Erkältung oder Bauchschmerzen kneten Sie die Talsohle 100mal.

UM DAS WEIBAGUA HERUM REIBEN

Das Weibagua ist eine kreisförmige Fläche in der Mitte des Handrückens, deren Durchmesser bis zum Knöchel des Mittelfingers reicht. Das Weibagua liegt dem Neibagua des Handtellers gegenüber (siehe S.33). Halten Sie die Finger des Kindes geschlossen, und reiben Sie 50mal im Uhrzeigersinn um das Weibagua herum.

氣

Verbessert die Zirkulation des Blutes und des Qi

Kräftigt die Lungen und verbessert die Atmung

Arme

Bei diesem Teil der Ganzkörpermassage müssen Sie den ganzen Arm des Kindes bearbeiten, vom Handgelenk bis zur Schulter hinauf. Ein größeres Kind kann Ihnen dabei gegenüberstehen oder -sitzen; ein Baby können Sie auf Ihrem Schoß sitzen lassen.

Während Sie nach den Anleitungen in diesem Abschnitt arbeiten, schauen Sie sich immer wieder die Fotos (rechts und auf der gegenüberliegenden Seite) an. Die genauen Stellen der Qi-Punkte und -Flächen tragen die Bezeichnung des jeweiligen Massageschritts.

Führen Sie erst einmal alle Massageschritte an einem Arm durch, und wiederholen Sie das Ganze dann am anderen Arm.

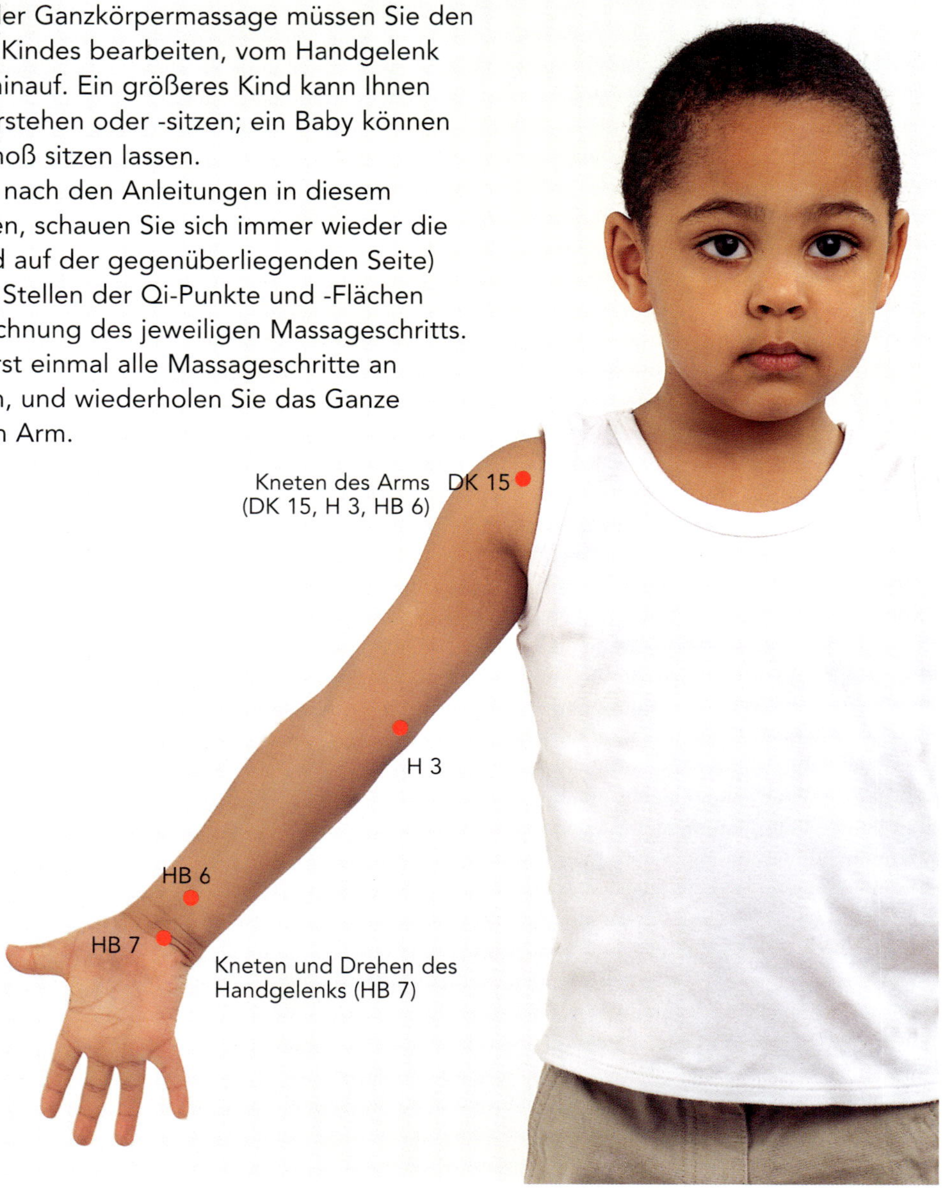

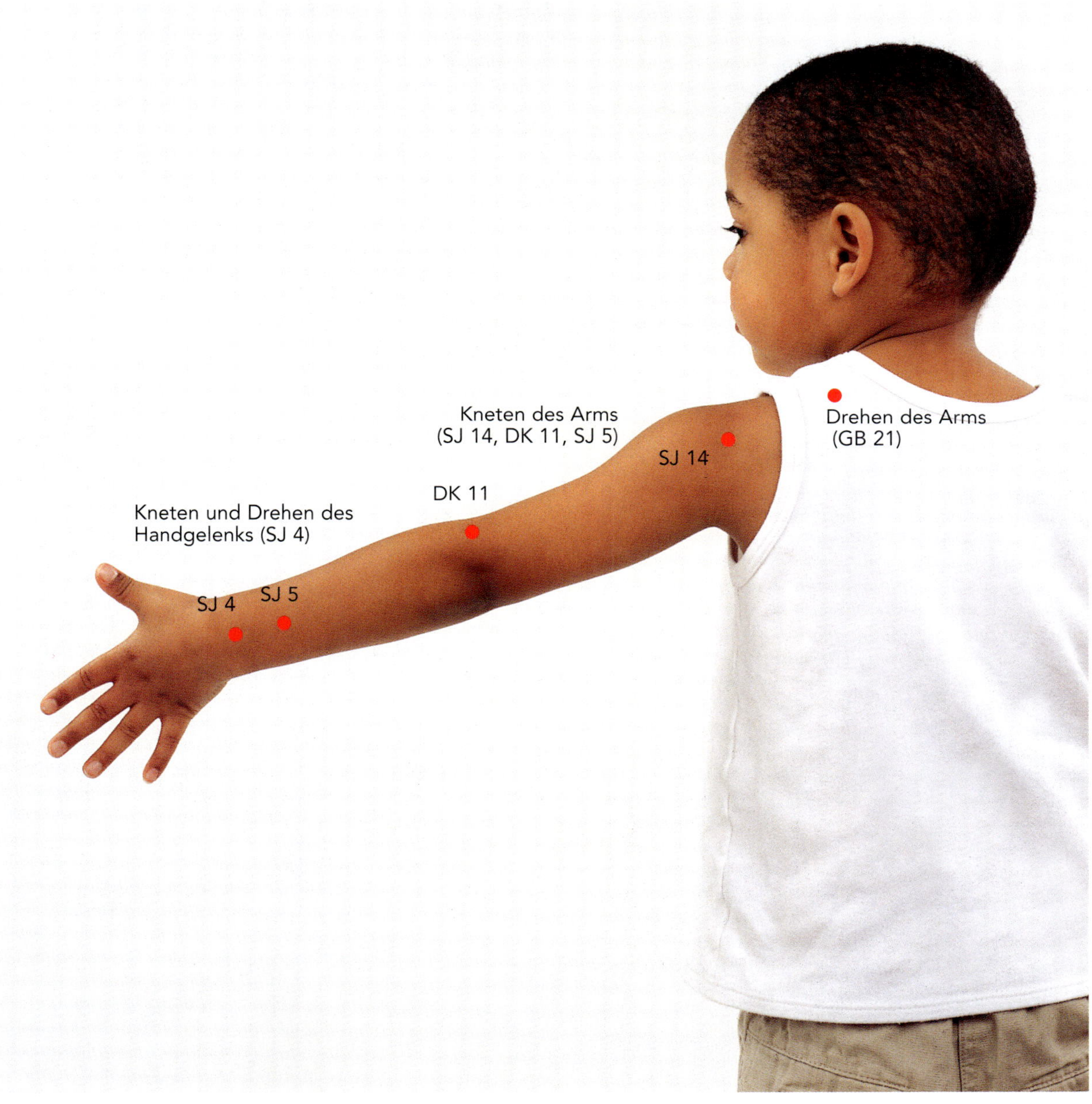
Kneten des Arms
(SJ 14, DK 11, SJ 5)
Drehen des Arms
(GB 21)
SJ 14
DK 11
Kneten und Drehen des
Handgelenks (SJ 4)
SJ 4
SJ 5

KNEIFEN AM ARM ENTLANG

Halten Sie das Kind am Handgelenk, heben Sie seinen Arm hoch und kneifen Sie mit Ihrer freien Hand 5mal fest an der Außenseite des Arms entlang, und zwar von der Schulter bis zum Handgelenk hinunter. Dann wechseln Sie die Hände und kneifen 5mal von oben nach unten an der Innenseite des Arms entlang. Bei Babys kneifen Sie mit Daumen und zwei Fingern, bei größeren Kindern mit der ganzen Hand.

Regt den Qi-Fluß in allen Arm-Meridianen an

KNETEN DES ARMS

Halten Sie den Arm des Kindes waagerecht ausgestreckt, und legen Sie Ihren Daumen in die Gelenkvertiefung vorn an der Schulter (DK 15). Legen Sie den Mittelfinger in die ähnliche Vertiefung an der Hinterseite der Schulter (SJ 14). Kneten Sie beide Punkte gleichzeitig 10mal.

Nun kneten Sie die Punkte am inneren und äußeren Ende der Ellbogenbeuge (DK 11 und H 3) 10mal mit Mittelfinger und Daumen.

Legen Sie den Mittelfinger in die Mitte der Unterseite des Handgelenks, ungefähr drei Fingerbreiten des Kindes oberhalb der Handwurzelfalte (HB 6). Legen Sie den Daumen auf den gegenüberliegenden Punkt an der Rückseite des Handgelenks (SJ 5), und kneten Sie beide Punkte gleichzeitig 10mal.

Halten Sie das Kind am Handgelenk, und reiben Sie 5mal rasch und leicht an der Außenseite seines Arms hinauf und hinunter. Wiederholen Sie das gleiche mit der anderen Hand an der Innenseite des Arms.

Regt das Immunsystem an

Stärkt die Widerstandskraft gegen Erkältungen

KNETEN UND DREHEN DES HANDGELENKS

Halten Sie das Handgelenk des Kindes. Ihr Daumen liegt in der Mitte der Handgelenksfalte am Handrücken (SJ 4), Ihr Mittelfinger auf dem gegenüberliegenden Punkt an der Unterseite der Hand (HB 7). Kneten Sie diese beiden Punkte gleichzeitig, und drehen Sie dabei mit der anderen Hand das Handgelenk des Kindes sanft 5mal in jede Richtung.

氣

Kräftigt das Handgelenk

Fördert die Geschicklichkeit

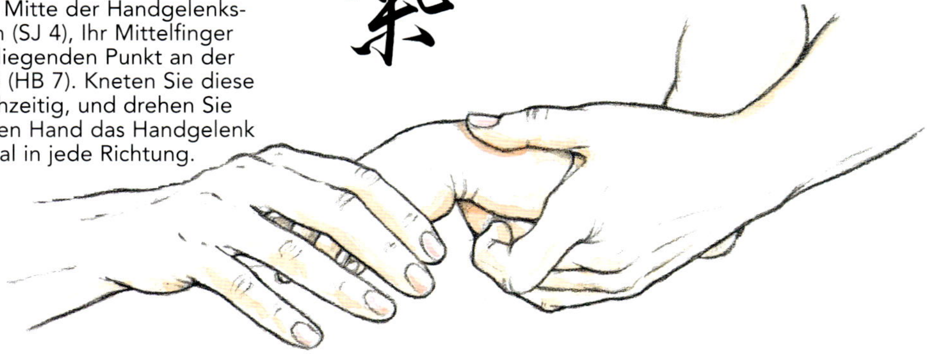

DREHEN DES ARMS

Halten Sie mit einer Hand das Handgelenk des Kindes, und drücken Sie mit dem Mittelfinger der anderen Hand den Punkt oben auf der Schulter, genau zwischen der Mitte des Nackens und der Außenkante der Schulter (GB 21). Nun drehen Sie den Arm des Kindes sanft in einem kleinen Kreis, und zwar 5mal in jede Richtung.

氣

Kräftigt die Schultern

Fördert die Entwicklung gesunder Sehnen und Bänder

Gesicht, Kopf und Nacken

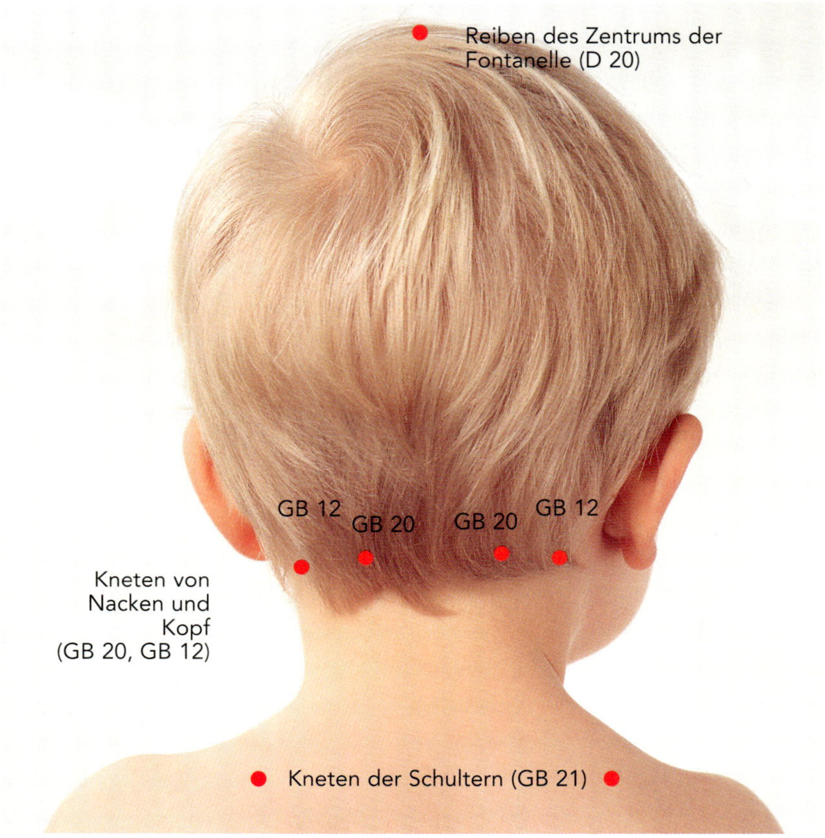

Bei diesem Teil der Ganzkörpermassage geht es um Gesicht, Vorder- und Hinterkopf, Nacken und oberen Schulterbereich. Während Sie die Punkte im Gesicht behandeln, kann ein kleines Kind mit dem Rücken zu Ihnen auf Ihrem Schoß sitzen. Wenn Sie sich vor einen Spiegel setzen, können Sie deutlich erkennen, welche Punkte Sie massieren, und das Kind kann dabei gleichzeitig sein Spiegelbild beobachten. Ein größeres Kind kann Ihnen gegenübersitzen. Um Hinterkopf und Nacken zu massieren, legen Sie ein Baby mit dem Gesicht nach unten quer über Ihren Schoß. Ein größeres Kind kann seitlich auf Ihrem Schoß sitzen oder stehen. Schauen Sie sich immer wieder die Fotos mit den genauen Stellen der Qi-Punkte und -Flächen an.

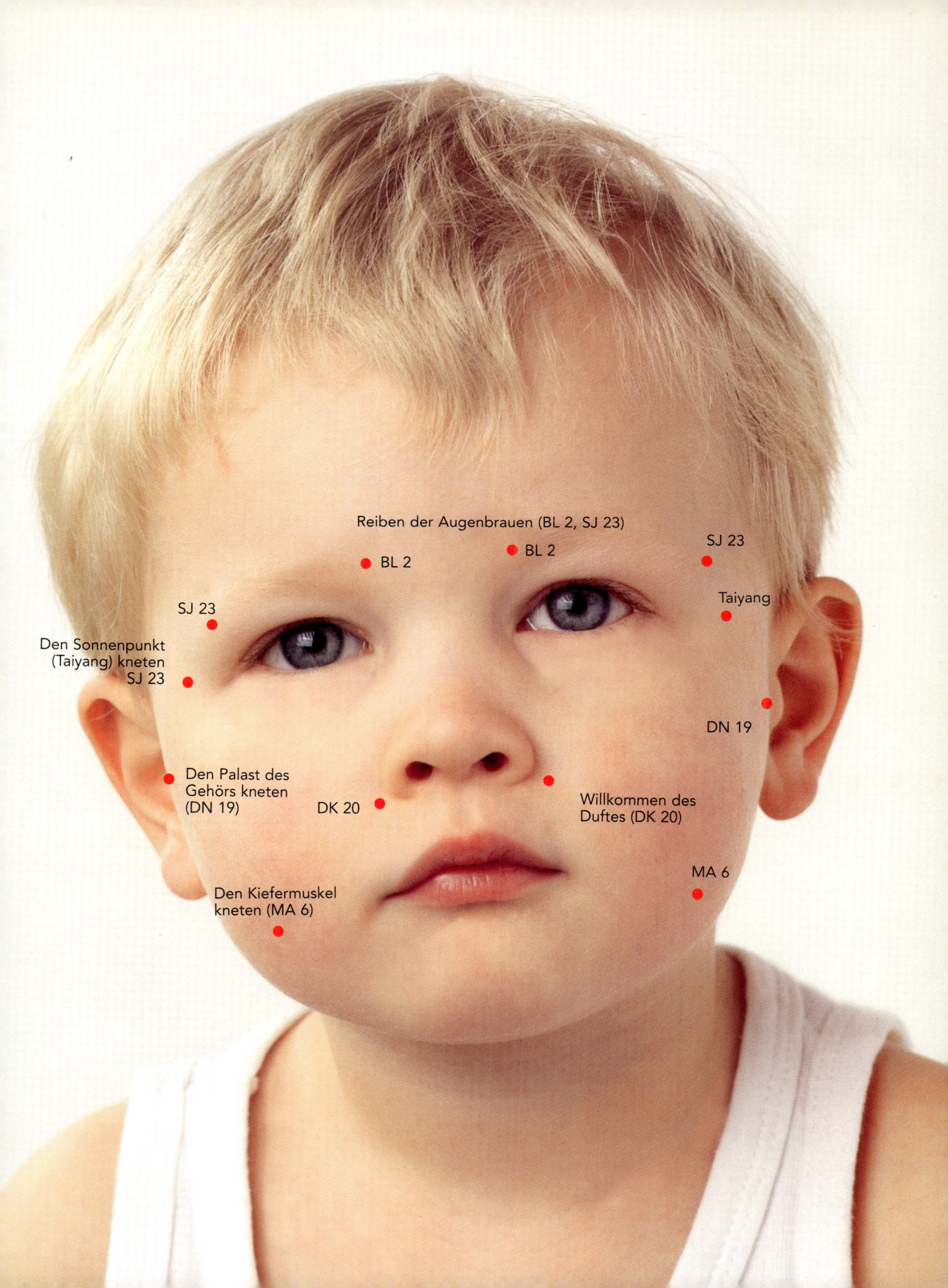
Reiben der Augenbrauen (BL 2, SJ 23)
BL 2
BL 2
SJ 23
SJ 23
Taiyang
Den Sonnenpunkt (Taiyang) kneten
SJ 23
DN 19
Den Palast des Gehörs kneten (DN 19)
DK 20
Willkommen des Duftes (DK 20)
MA 6
Den Kiefermuskel kneten (MA 6)

DAS TOR DES KOPFES SCHIEBEN

Beginnen Sie an dem Punkt in der Mitte zwischen den Augenbrauen, und reiben Sie 50mal mit beiden Daumen abwechselnd die Stirn hinauf bis zum Haaransatz. «Tor des Kopfes» ist die deutsche Übersetzung des chinesischen Schriftzeichens Tianmen.

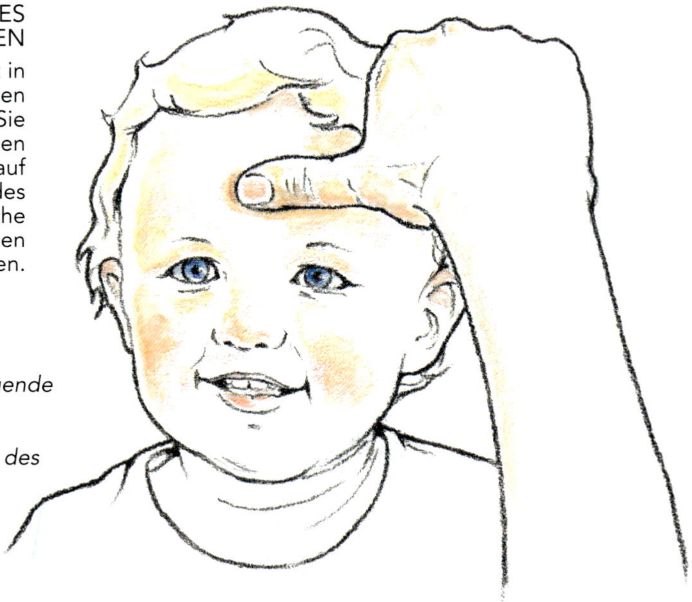

氣

Hat eine sehr beruhigende Wirkung

Regt die Entwicklung des Gehirns an

DEN SONNENPUNKT KNETEN

Legen Sie die Daumen auf die Taiyang-Punkte in den Vertiefungen links und rechts der äußeren Augenwinkel, und kneten Sie sie 50mal.

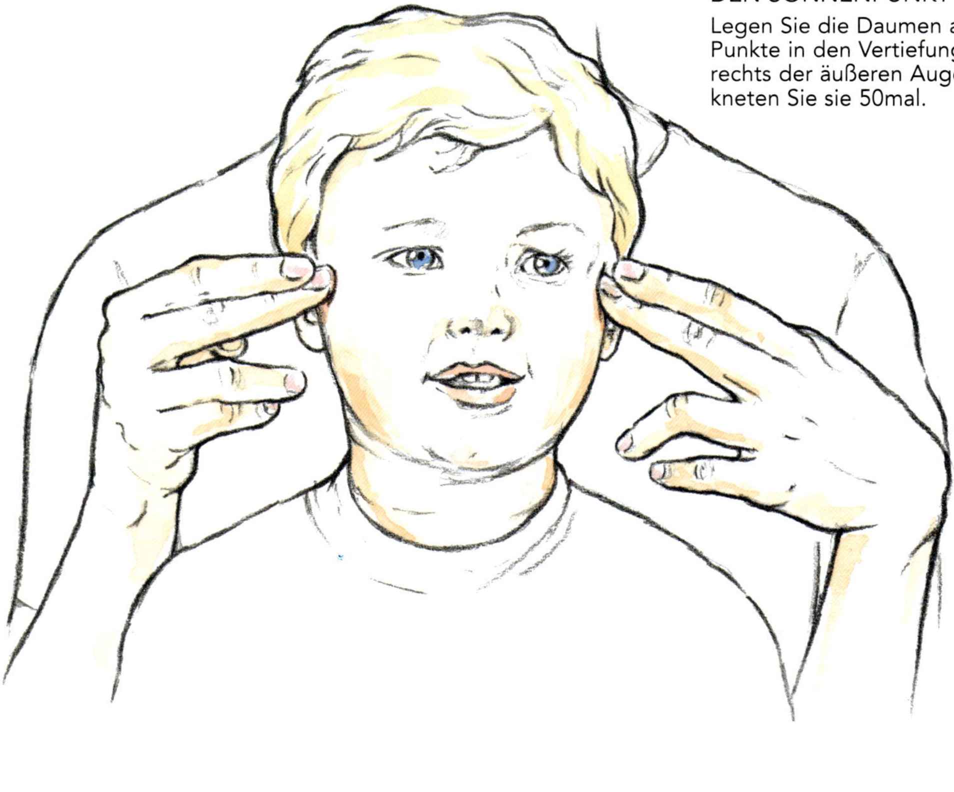

氣

Wirkt beruhigend

Stärkt die Augen

Regt die Entwicklung des Gehirns an

REIBEN DER AUGENBRAUEN

Streichen Sie mit Zeige- und Mittelfinger an den Augenbrauen des Kindes entlang, und zwar von den inneren Enden der Augenbrauen (BL 2) zu den äußeren (SJ 23). Wiederholen Sie das 50mal. Der chinesische Name für die Augenbrauen lautet Meigong.

氣

Fördert die Gesundheit der Augen

Wirkt beruhigend

Regt die Entwicklung des Gehirns an

WILLKOMMEN DES DUFTES

Stützen Sie mit einer Hand den Hinterkopf des Kindes, und kneten Sie mit den Fingerkuppen des Mittel- und Zeigefingers Ihrer anderen Hand die Punkte rechts und links der Nasenlöcher (DK 20) 50mal.

氣

Beugt Erkältungen vor

Verbessert den Geruchssinn

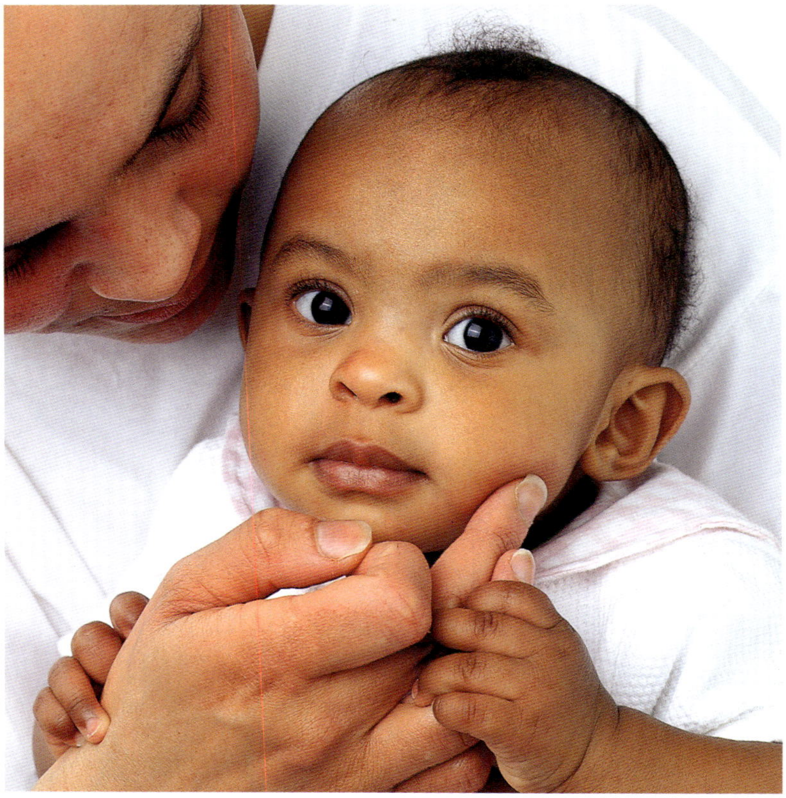

KNETEN DES KIEFERMUSKELS

Suchen Sie den Mittelpunkt des Kiefermuskels direkt vor und über dem Unterkieferwinkel (MA 6), und kneten Sie ihn 50mal mit dem Mittelfinger.

氣

Fördert eine gesunde Entwicklung der Gesichtsmuskeln und Kieferknochen, damit die Zähne nicht zu eng beisammenstehen

DEN PALAST DES GEHÖRS KNETEN

Der «Palast des Gehörs» (DN 19) liegt in der Vertiefung vor dem Ohr. Kneten Sie die Punkte vor beiden Ohren 50mal gleichzeitig mit den Mittelfingern.

氣

Fördert die Entwicklung gesunder Ohren und eines gesunden Gehörs

Kräftigt den Kiefer

BEHANDLUNGS-TIP

Bei Ohrenschmerzen kneten Sie den «Palast des Gehörs» 100mal.

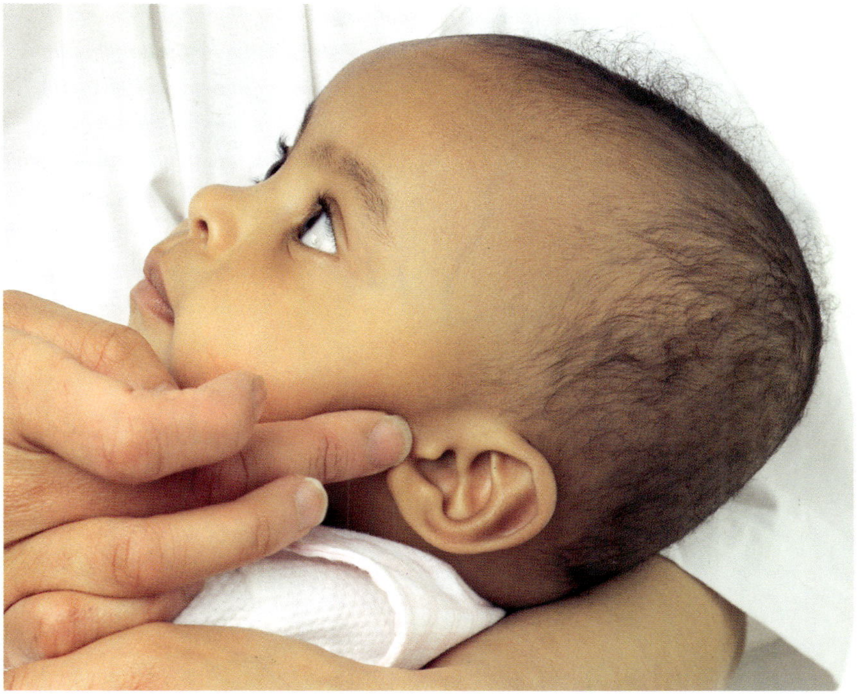

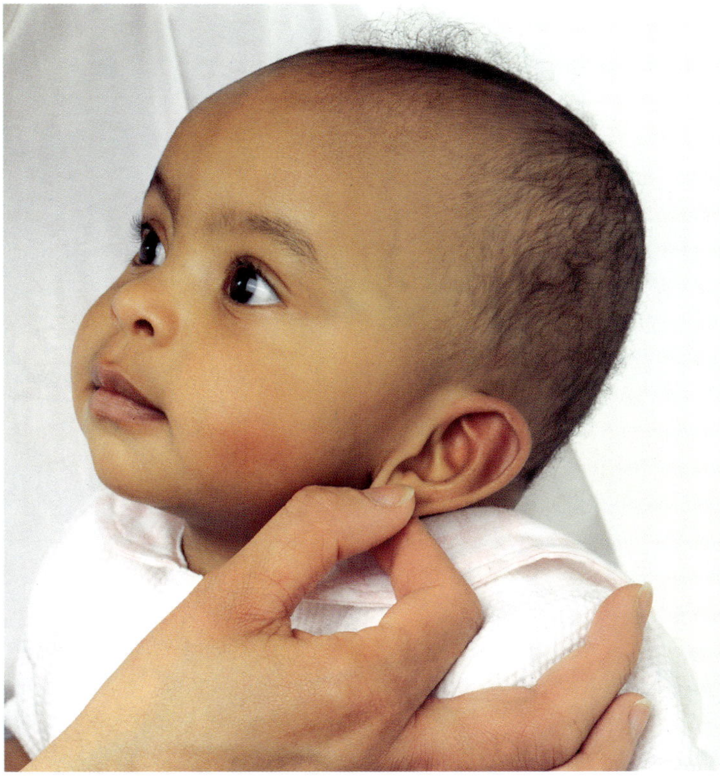

ZIEHEN AN DEN OHREN

Halten Sie die Ohren des Kindes zwischen Daumen und Mittelfinger oben an den Ohrmuscheln, und ziehen Sie sie 5mal nach oben. Anschließend ziehen Sie die Ohrläppchen 5mal nach unten.

氣

Fördert die Widerstandskraft gegen Erkältungen und Infektionen der Atemwege

Hilft, wenn Babys nicht essen wollen

STREICHEN DER FONTANELLE

Streichen Sie abwechselnd mit dem rechten und dem linken Daumen 30mal leicht über die Fontanelle.

氣

Stärkt das Immunsystem

Fördert die Entwicklung der höheren Hirnzentren

REIBEN DES ZENTRUMS DER FONTANELLE

Reiben Sie mit Zeige-, Mittel- oder Ringfinger 50mal ganz sanft mit leichten Kreisbewegungen das Zentrum der Fontanelle (D 20).

氣

Regt die Entwicklung der Großhirnrinde an

Fördert Intelligenz, Gedächtnis und Sprachentwicklung

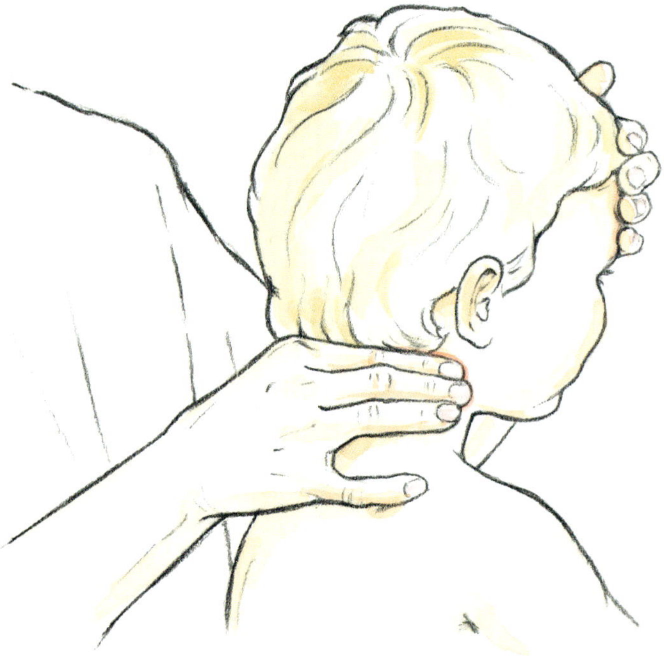

KNEIFEN DES NACKENS

Stützen Sie mit einer Hand die Stirn des Kindes, und kneifen Sie mit der anderen 10–20mal sanft an seinem Nacken hinauf und hinunter. Bei Babys kneift man mit Daumen und zwei Fingern, bei größeren Kindern mit Daumen und vier Fingern.

Stärkt das Gehirn und verbessert die Lernfähigkeit

Beugt Erkältungen vor

KNETEN VON NACKEN UND KOPF

Suchen Sie die Vertiefungen unter der Schädelbasis an beiden Seiten der Nacken-Mittellinie (GB 20). Kneten Sie sie 50mal sehr sanft mit Daumen und Mittelfinger.

Dann gleiten Sie mit Daumen und Mittelfinger nach außen an die Stelle, wo der Schädel hinter den Ohren hervorragt (GB 12). Kneten Sie beide Punkte gleichzeitig 50mal.

Regt das Immunsystem an und beugt Erkältungen vor

Hält die Augen gesund und beugt Kurzsichtigkeit vor

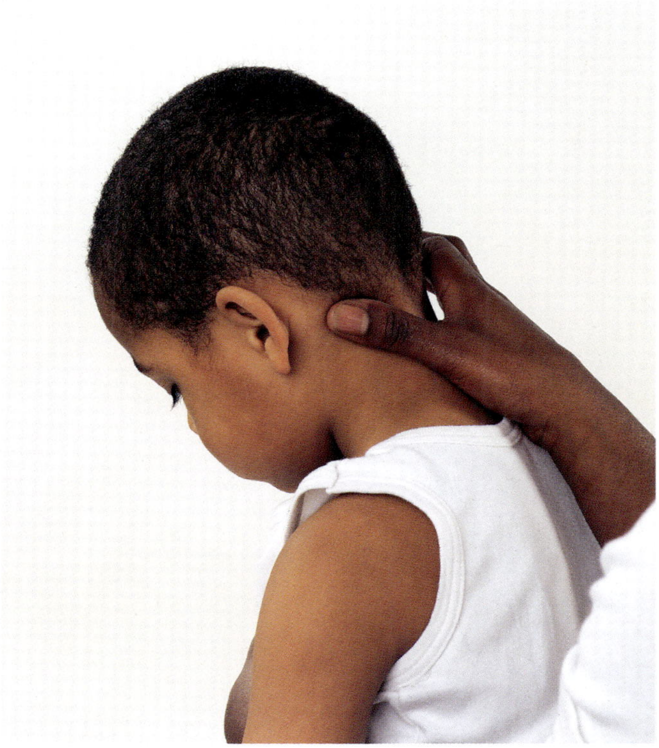

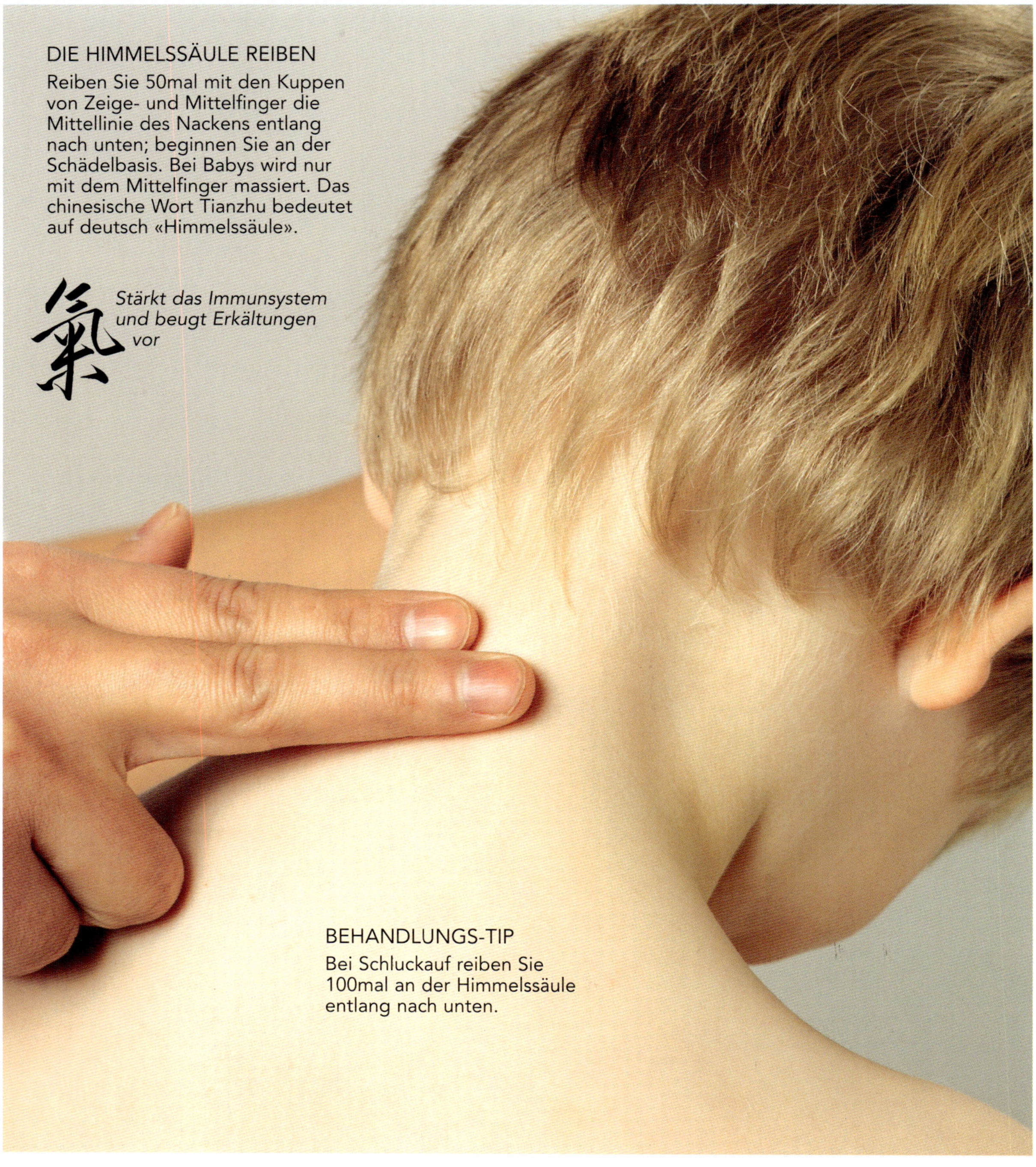

DIE HIMMELSSÄULE REIBEN

Reiben Sie 50mal mit den Kuppen von Zeige- und Mittelfinger die Mittellinie des Nackens entlang nach unten; beginnen Sie an der Schädelbasis. Bei Babys wird nur mit dem Mittelfinger massiert. Das chinesische Wort Tianzhu bedeutet auf deutsch «Himmelssäule».

氣 *Stärkt das Immunsystem und beugt Erkältungen vor*

BEHANDLUNGS-TIP

Bei Schluckauf reiben Sie 100mal an der Himmelssäule entlang nach unten.

KNETEN DER SCHULTERN

Diese Punkte (GB 21) liegen oben auf den Schultern, genau zwischen der Mitte der Wirbelsäule und dem äußeren Schulterrand. Lassen Sie Ihre Finger vorn auf den Schultern des Kindes ruhen, und kneten Sie beide Punkte gleichzeitig 50mal mit den Daumen. Bei einem Baby kneten Sie immer nur jeweils einen Punkt mit dem Mittelfinger und halten das Baby dabei an Ihre Brust gedrückt.

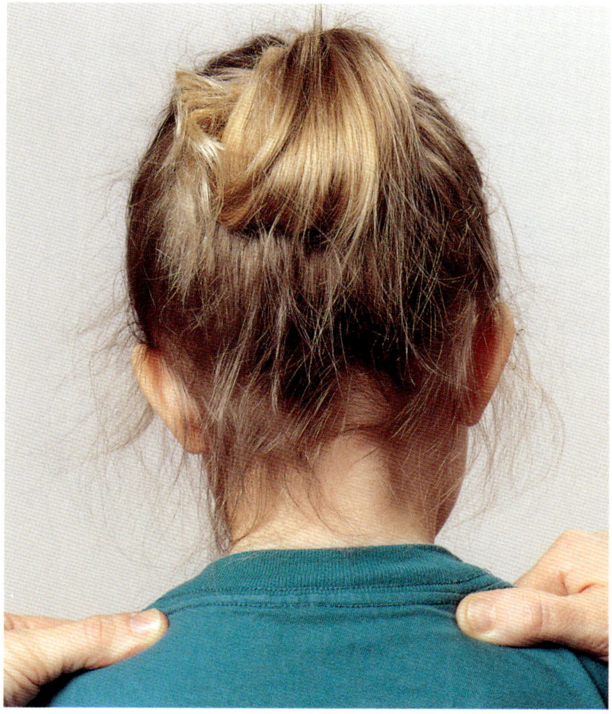

氣 *Kräftigt Schultern und Arme und verbessert die Beweglichkeit.*

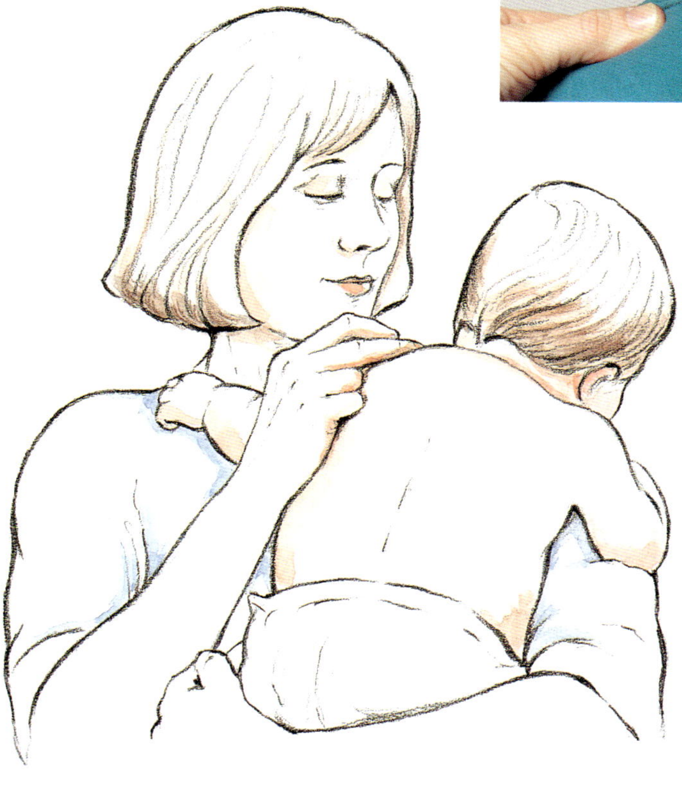

Brust und Magen

Bei diesem Teil der Massage ist es wahrscheinlich am bequemsten für das Kind, wenn es auf dem Rücken liegt. Größere Kinder können sich aufs Bett legen, ein kleines Baby liegt am besten quer auf Ihrem Schoß.

Während Sie die Anleitungen für die Massageschritte in diesem Abschnitt befolgen, schauen Sie sich immer wieder diese Fotos (unten und rechts) an. Die genauen Stellen der Qi-Punkte und -Flächen tragen die Bezeichnung des jeweiligen Massageschritts.

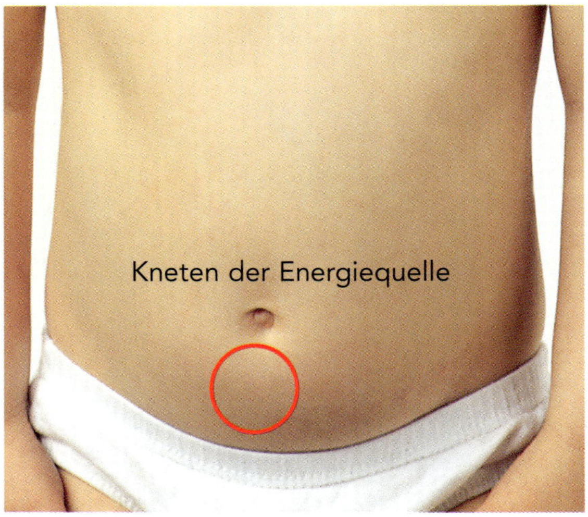

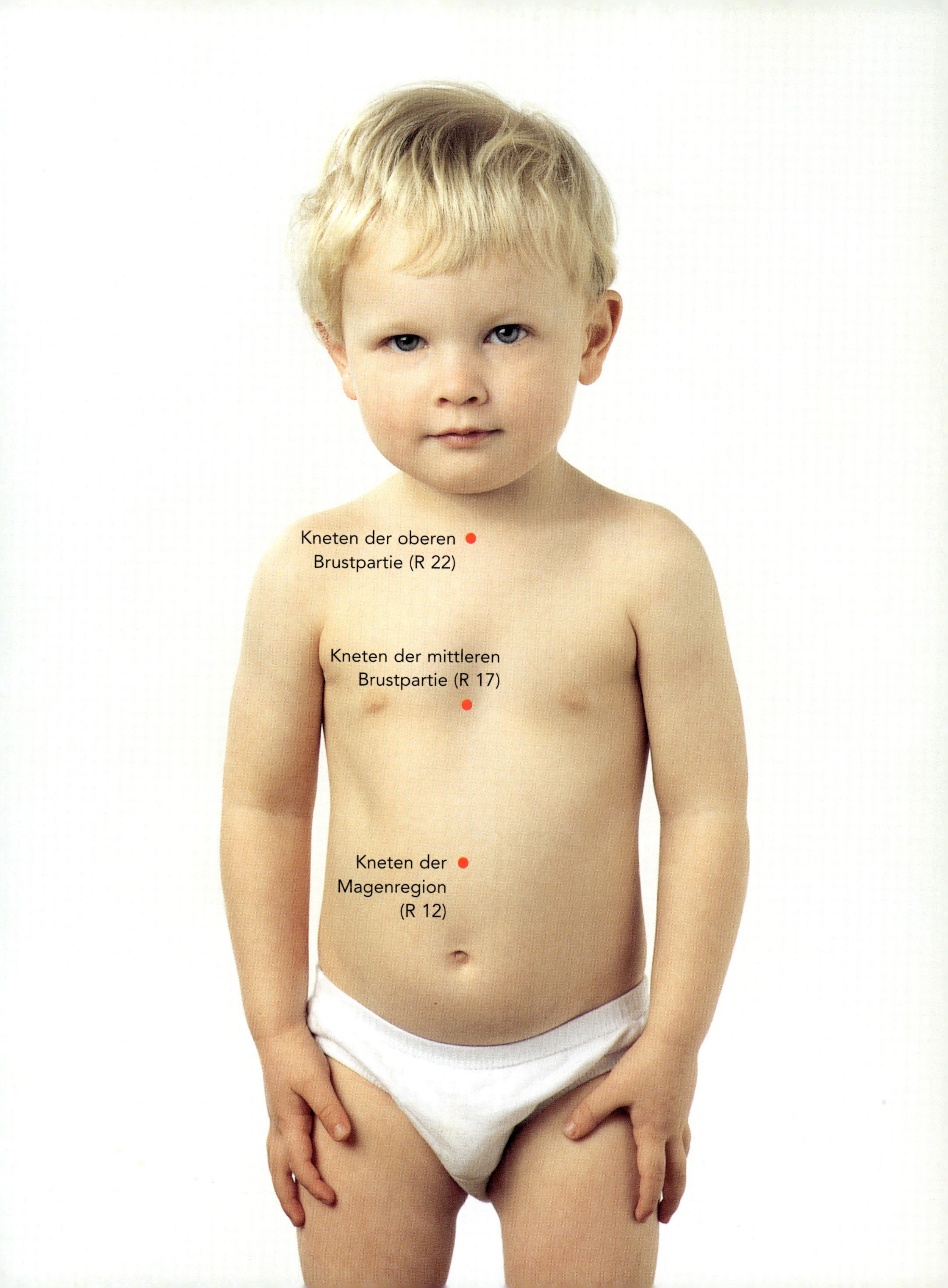
Kneten der oberen Brustpartie (R 22)
Kneten der mittleren Brustpartie (R 17)
Kneten der Magenregion (R 12)

REIBEN QUER ÜBER DIE BRUST

Legen Sie das Kind auf den Rücken, und reiben Sie mit der Handfläche sanft über seine ganze Brust, von einer Seite zur anderen.

氣

Verbessert die Funktion der Lungen

Stärkt das Immunsystem

KNETEN DER OBEREN BRUSTPARTIE

Schieben Sie Ihren Finger an der Mitte des Brustbeins des Kindes empor, bis er in die Vertiefung am Halsansatz hineinsinkt (R 22). Kneten Sie diesen Punkt mit dem Mittelfinger 50mal im Uhrzeigersinn.

Dann reiben Sie von diesem Punkt ausgehend mit Zeige- und Mittelfinger 20mal am Brustbein entlang abwärts bis zum Nabel.

Stärkt die Abwehrkräfte gegen Halsschmerzen und Husten

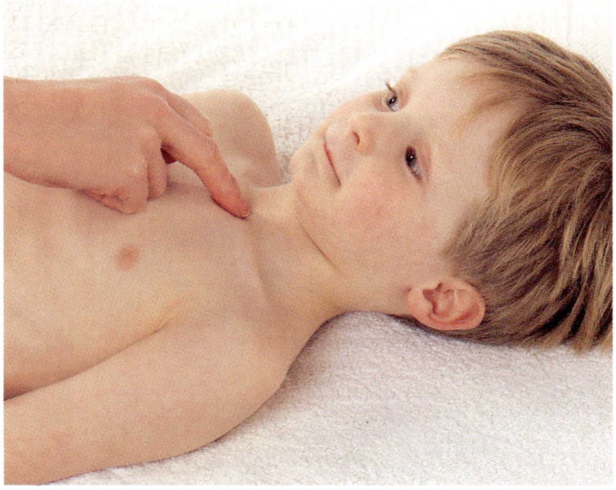

KNETEN DER MITTLEREN BRUSTPARTIE

Kneten Sie den Punkt am Brustbein, der genau in der Mitte zwischen den Brustwarzen liegt (R 17), 50mal im Uhrzeigersinn mit dem Mittelfinger. Dann reiben Sie von diesem Punkt aus mit beiden Daumen nach außen zu den Brustwarzen hin.

Beruhigt Geist und Emotionen

Sorgt für eine gleichmäßige, leichte Atmung

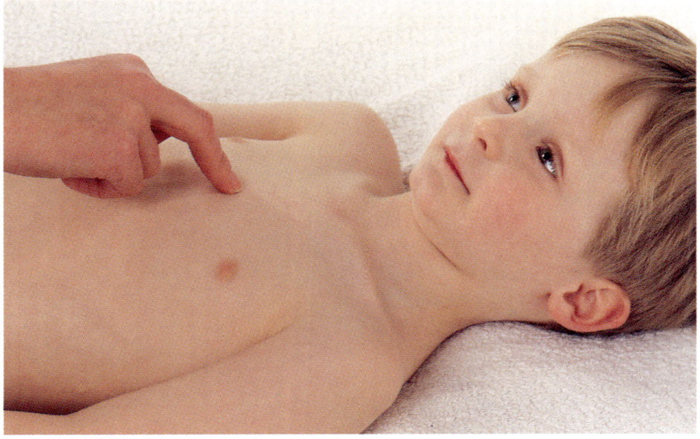

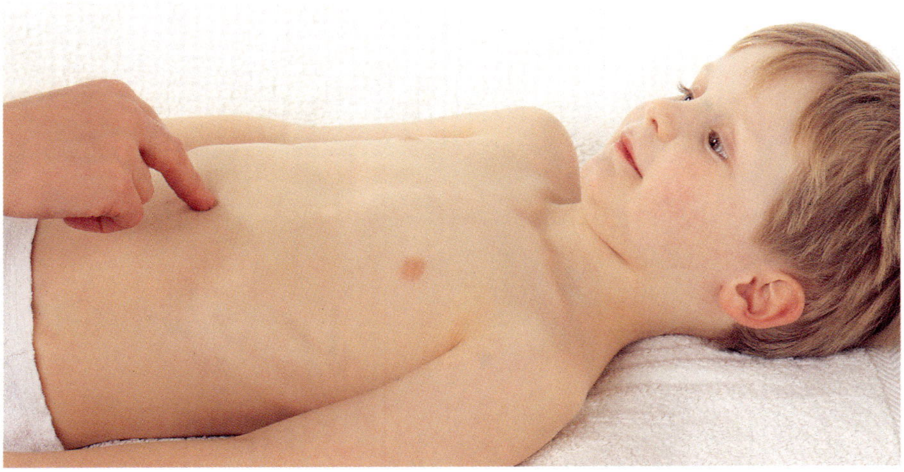

KNETEN DER MAGENREGION

Suchen Sie den Punkt, der genau in der Mitte zwischen der unteren Kante des Brustbeins und dem Nabel liegt (R 12). Kneten Sie ihn 50mal im Uhrzeigersinn mit Zeige- und Mittelfinger.

Fördert die Verdauung

Beugt Blähungen und Schluckauf vor

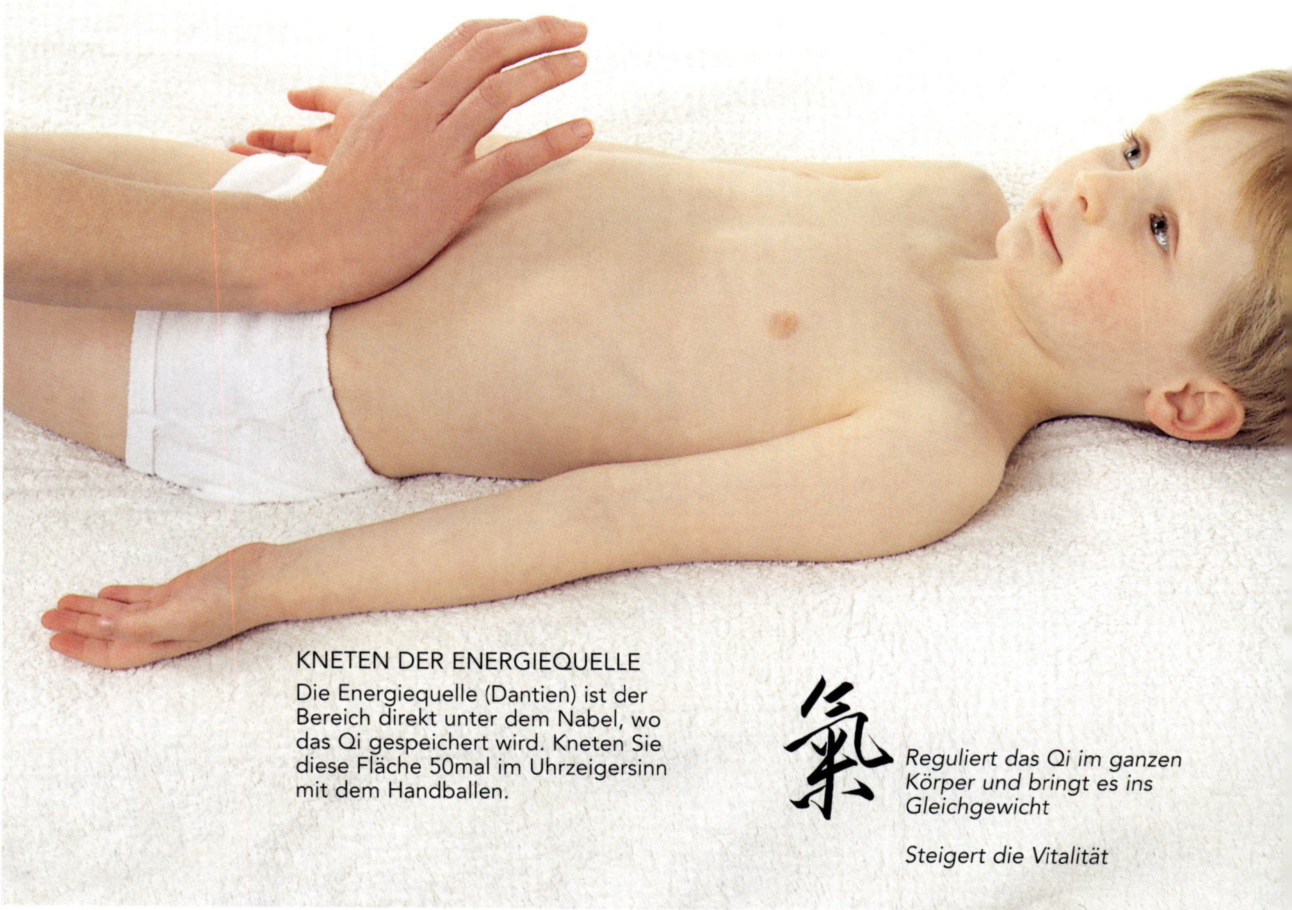

KNETEN DER ENERGIEQUELLE

Die Energiequelle (Dantien) ist der Bereich direkt unter dem Nabel, wo das Qi gespeichert wird. Kneten Sie diese Fläche 50mal im Uhrzeigersinn mit dem Handballen.

氣

Reguliert das Qi im ganzen Körper und bringt es ins Gleichgewicht

Steigert die Vitalität

BEHANDLUNGS-TIP

Bei Bettnässen oder anderen Problemen, die mit dem Wasserlassen zu tun haben, kneten Sie die Energiequelle mit dem Handballen 200mal im Uhrzeigersinn.

REIBEN DES UNTERLEIBS

Reiben Sie 30mal im Uhrzeigersinn um den ganzen Unterleib herum – bei kleinen Babys mit Zeige-, Mittel- und Ringfinger, bei größeren Kindern mit der Handfläche.

氣

Fördert die Verdauungsvorgänge

Wirkt beruhigend

Vorderseite der Beine und Füße

Bei diesem Teil der Ganzkörpermassage ist es für Ihr Kind wahrscheinlich am bequemsten, auf dem Rücken auf einem Bett zu liegen. Zur Behandlung der Punkte an den Füßen kann ein kleineres Kind oder Baby auch auf Ihrem Schoß sitzen.

Während Sie die Anleitungen für die Massageschritte in diesem Abschnitt befolgen, schauen Sie sich immer wieder diese Fotos (unten und rechts) an. Die genauen Stellen der Qi-Punkte und -Flächen tragen die Bezeichnung des jeweiligen Massageschritts.

Führen Sie erst einmal alle Schritte dieser Massage an einem Bein aus, und wiederholen Sie sie dann am anderen Bein.

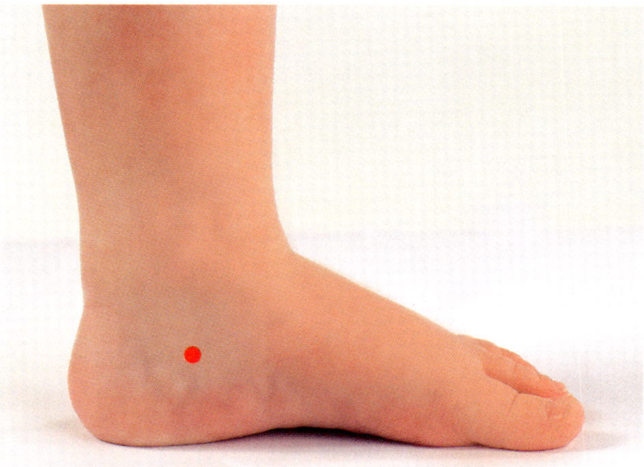

Drehen des Fußknöchels (N 6)

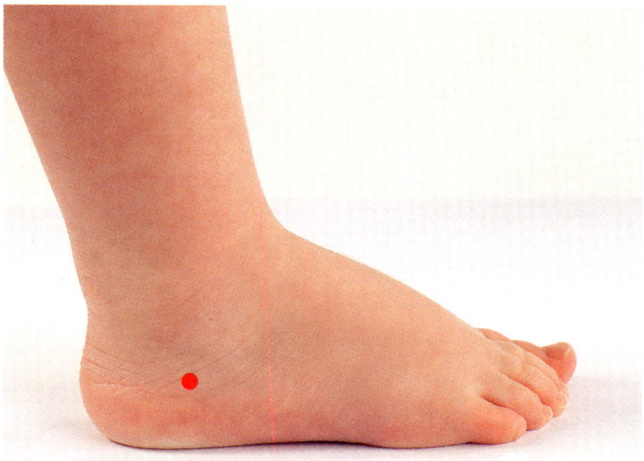

Drehen des Fußknöchels (BL 62)

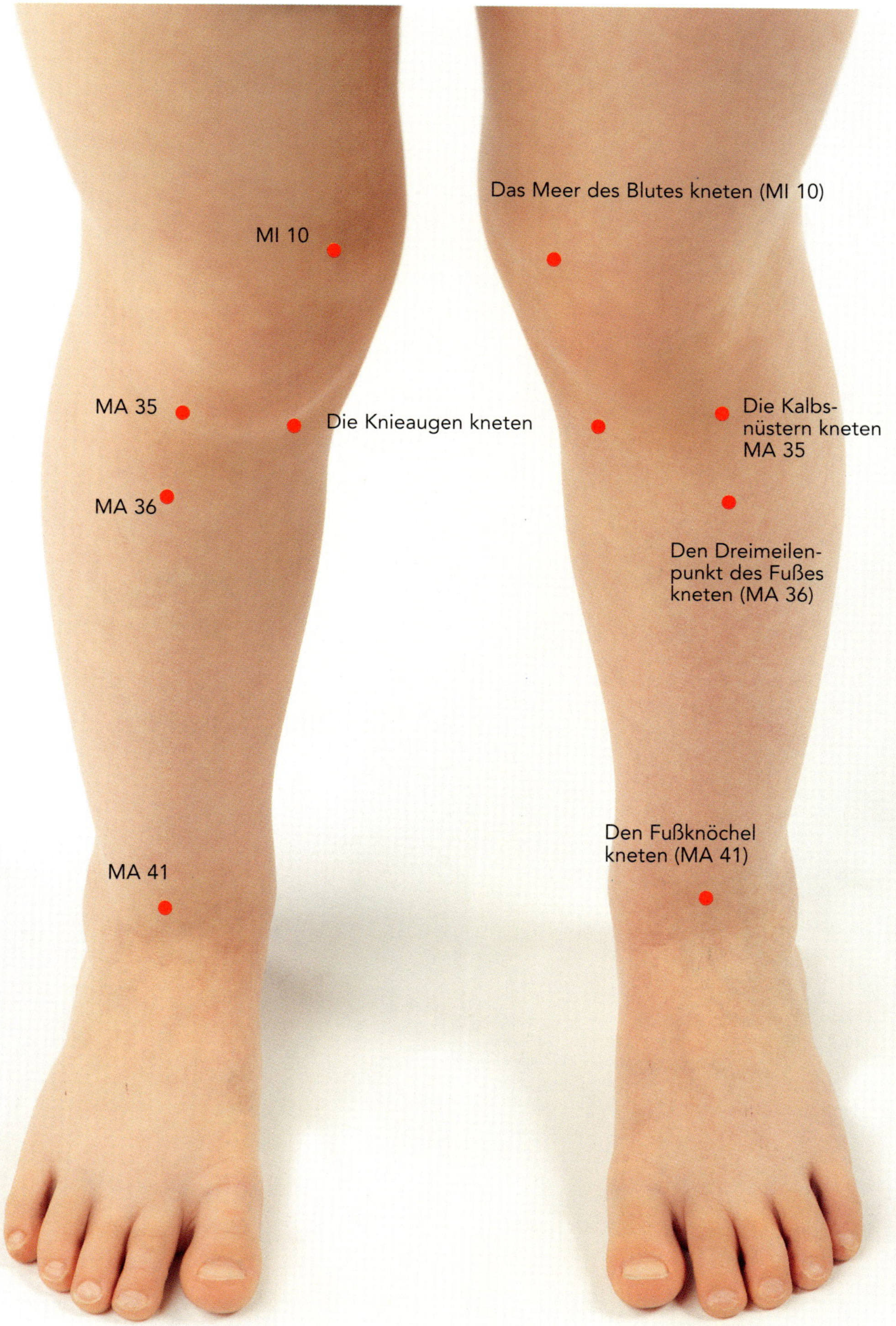
Das Meer des Blutes kneten (MI 10)
MI 10
MA 35
Die Knieaugen kneten
Die Kalbs-
nüstern kneten
MA 35
MA 36
Den Dreimeilen-
punkt des Fußes
kneten (MA 36)
Den Fußknöchel
kneten (MA 41)
MA 41

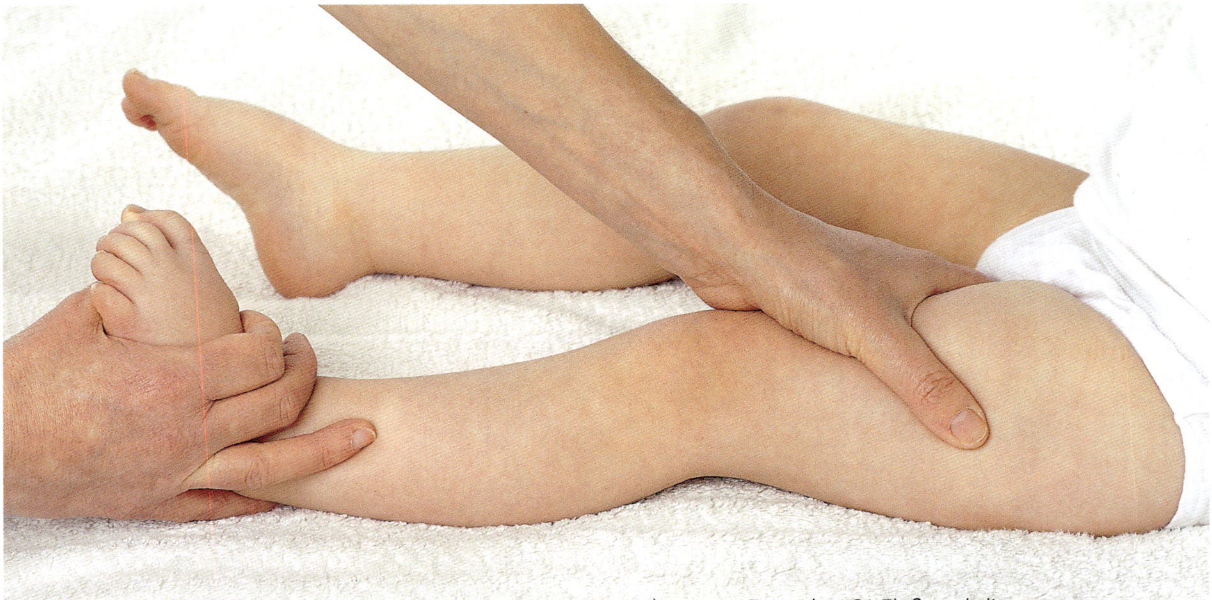

AN DER VORDERSEITE DES BEINS ENTLANG KNEIFEN

Beginnen Sie oben am Oberschenkel, und kneifen Sie 5mal langsam am Bein entlang nach unten. Schieben Sie Ihre Hand nach jedem Griff etwa 1 cm weiter nach unten, und ziehen Sie das Fleisch jedesmal leicht hoch.

Regt den Qi-Fluß und die Blutzirkulation an

Stärkt die Muskeln und Knochen der Beine

DAS MEER DES BLUTES KNETEN

Dieser Punkt auf dem Milz-Meridian heißt so, weil die Milz laut chinesischer Theorie der Nahrung Energie entzieht, um daraus Blut herzustellen. Suchen Sie das «Meer des Blutes» (MI 10), das zwei Daumenbreiten des Kindes über der inneren Oberkante der Kniescheibe liegt, und kneten Sie den Punkt mit dem Mittelfinger 50mal im Uhrzeigersinn.

Kräftigt und entwickelt die Muskeln

Stärkt die Widerstandskraft der Haut gegen Allergene

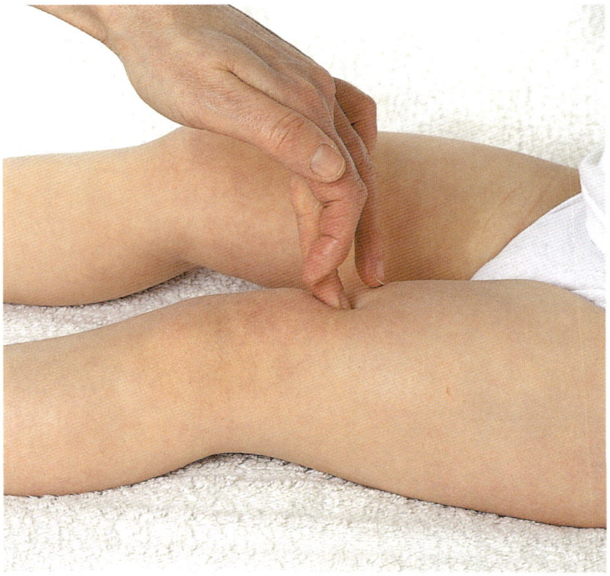

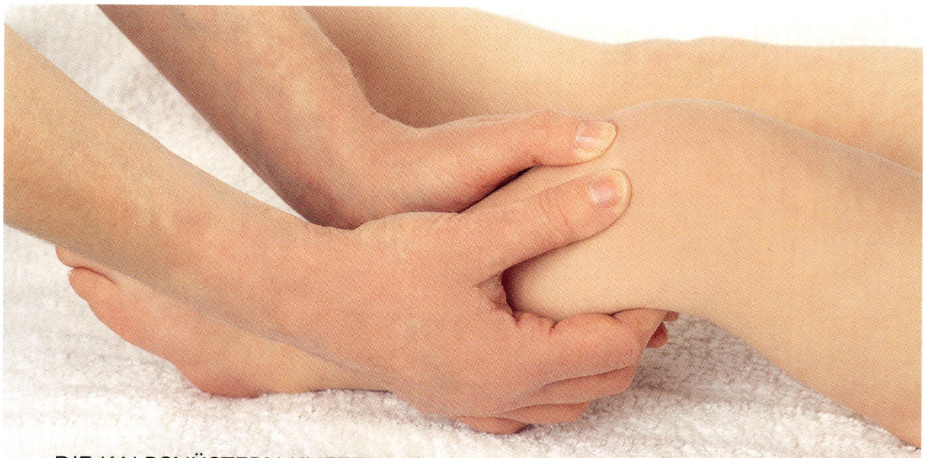

DIE KALBSNÜSTERN KNETEN

Die Kalbsnüstern sind die Grübchen an den unteren Ecken der Kniescheiben (MA 35). Kneten Sie mit Zeige- oder Mittelfinger und Daumen beide Punkte gleichzeitig.

Kräftigt Knie und Beine

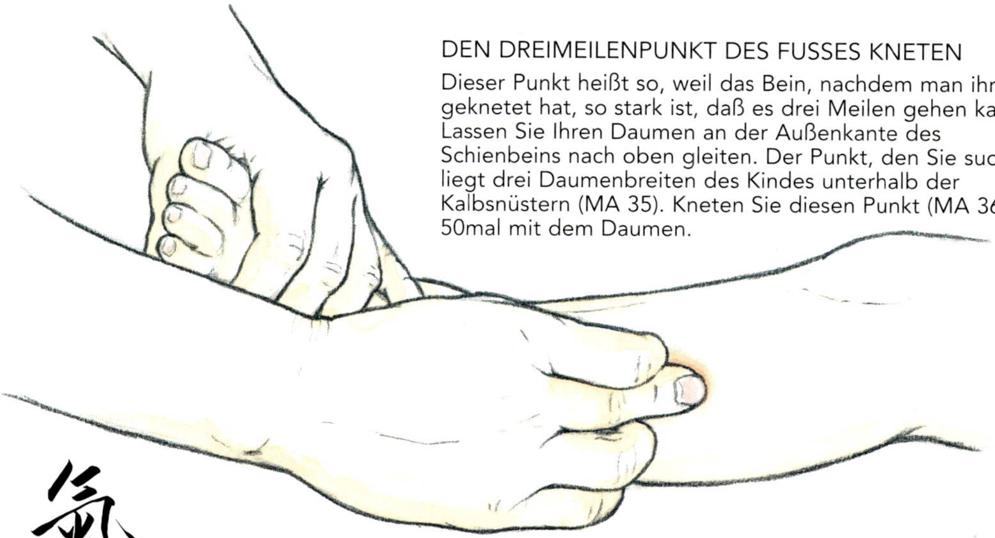

DEN DREIMEILENPUNKT DES FUSSES KNETEN

Dieser Punkt heißt so, weil das Bein, nachdem man ihn geknetet hat, so stark ist, daß es drei Meilen gehen kann. Lassen Sie Ihren Daumen an der Außenkante des Schienbeins nach oben gleiten. Der Punkt, den Sie suchen, liegt drei Daumenbreiten des Kindes unterhalb der Kalbsnüstern (MA 35). Kneten Sie diesen Punkt (MA 36) 50mal mit dem Daumen.

Stärkt die Energie im ganzen Körper und dadurch auch das Immunsystem

Stärkt das Verdauungssystem

AN DER VORDERSEITE DES BEINS AUF UND AB REIBEN

Reiben Sie 30mal mit der Handfläche über alle unbekleideten Flächen des Beins, vom Fußknöchel zum Oberschenkel und wieder nach unten (nicht abgebildet).

Regt den Qi-Fluß an

Fördert Blutzirkulation und Lymphdrainage

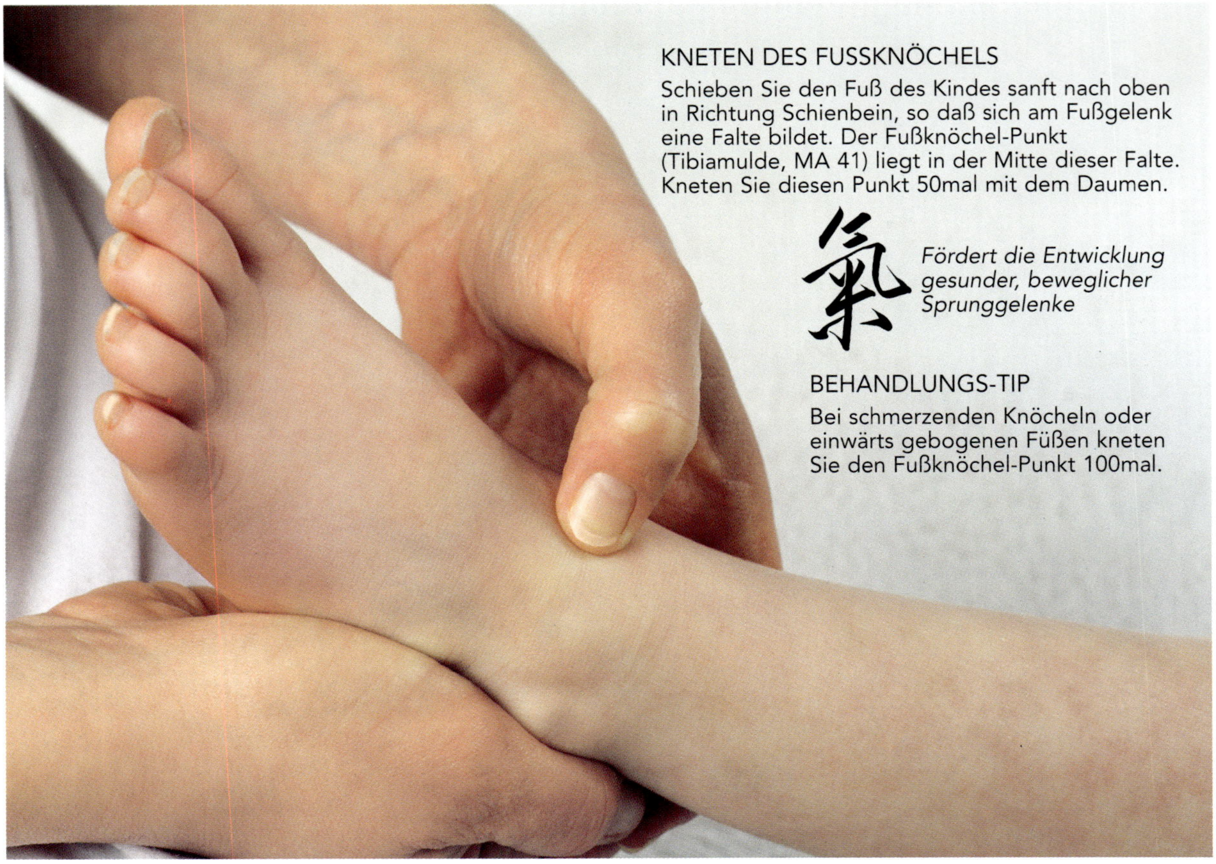

KNETEN DES FUSSKNÖCHELS

Schieben Sie den Fuß des Kindes sanft nach oben in Richtung Schienbein, so daß sich am Fußgelenk eine Falte bildet. Der Fußknöchel-Punkt (Tibiamulde, MA 41) liegt in der Mitte dieser Falte. Kneten Sie diesen Punkt 50mal mit dem Daumen.

Fördert die Entwicklung gesunder, beweglicher Sprunggelenke

BEHANDLUNGS-TIP

Bei schmerzenden Knöcheln oder einwärts gebogenen Füßen kneten Sie den Fußknöchel-Punkt 100mal.

DREHEN DES FUSSKNÖCHELS

Nehmen Sie den Fuß des Kindes in die Hand. Zeigefinger und Daumen liegen in den Vertiefungen unter dem Fußknöchel an der Innen- und Außenseite des Fußes (N 6 und BL 62). Kneten Sie diese beiden Punkte gleichzeitig, und drehen Sie den Fuß dabei mit der anderen Hand sanft 5mal in jede Richtung.

Regt ein gesundes Wachstum der Füße und Sprungbeine an

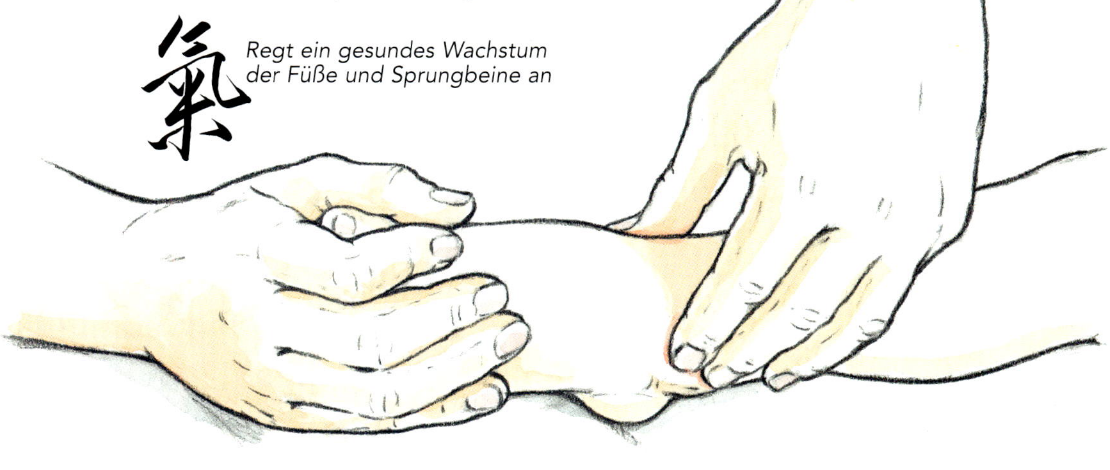

DREHEN DES HÜFTGELENKS

Das Kind liegt auf dem Rücken. Legen Sie eine Hand auf sein Knie und die andere unter die Ferse desselben Beins. Beugen Sie das Bein vorsichtig, indem Sie das Knie in Richtung Unterleib schieben. Jetzt drehen Sie das Bein behutsam in großen Kreisbewegungen 5mal in jede Richtung.

Stärkt die Hüftmuskulatur

Fördert die Beweglichkeit der Gelenke

Rücken

Bei diesem Teil der Ganzkörpermassage liegt Ihr Kind wahrscheinlich am bequemsten auf einem Bett auf dem Bauch. Bei manchen Massageschritten müssen Sie bestimmte Punkte gleichzeitig mit beiden Händen kneten. Bei diesen Massagegriffen ist es vielleicht nicht so günstig, das Baby quer über den Schoß zu legen.

Während Sie die Anleitungen für die Massageschritte in diesem Abschnitt befolgen, schauen Sie sich immer wieder diese Fotos (unten und rechts) an. Die genauen Stellen der Qi-Punkte und -Flächen tragen die Bezeichnung des jeweiligen Massageschritts.

Kneten des Blasen-Meridians an beiden Seiten der Wirbelsäule

An der Wirbelsäule entlang nach unten reiben: Du-Meridian

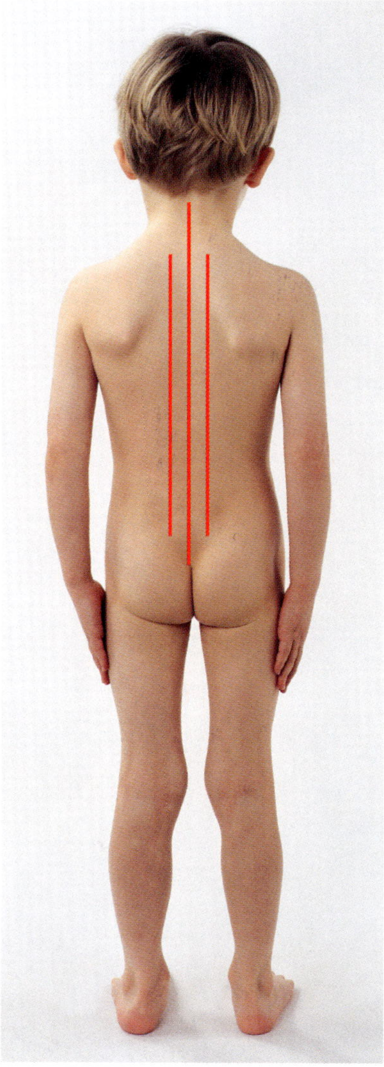

Kneten der Blasen-Meridianpunkte:
Nieren-Punkte (BL 23)
Lungen-Punkte (BL 13)
Milz-Punkte (BL 20)

Kneten der Gesäßbacken (GB 30)

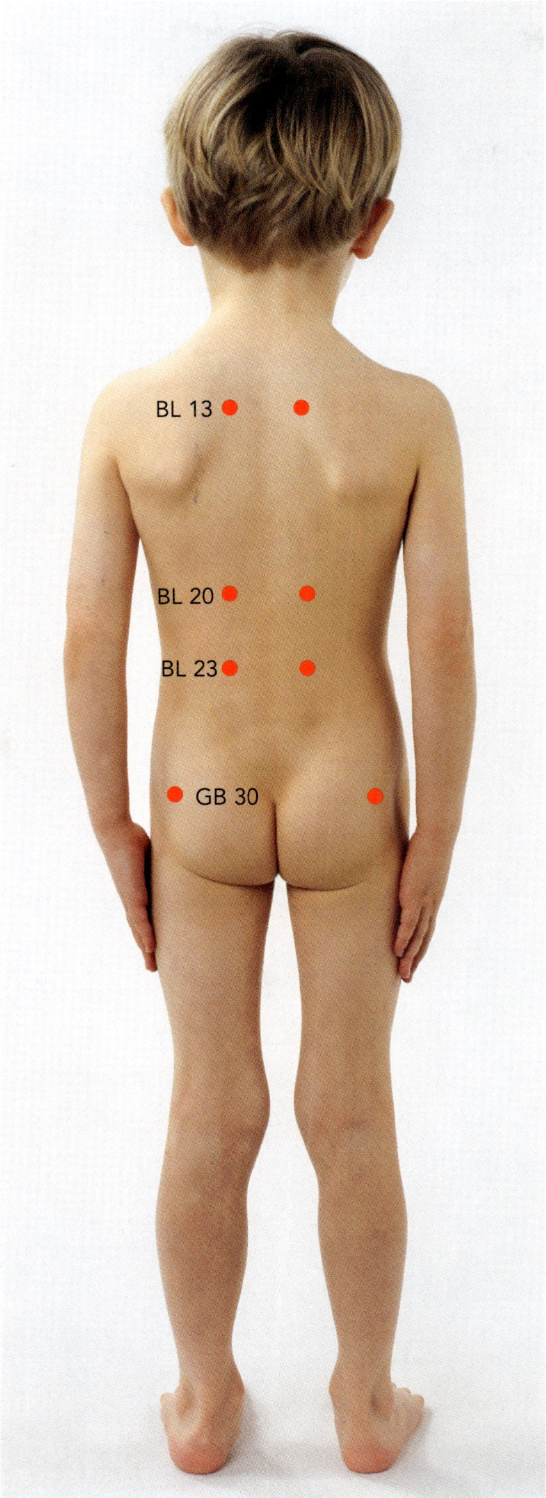

KNETEN DES BLASEN-MERIDIANS

Die Punkte des Blasen-Meridians am Rücken (siehe S. 66) stehen mit den Energien sämtlicher inneren Organe in Verbindung. Der Meridian verläuft an beiden Seiten der Wirbelsäule entlang, zwei Fingerbreiten des Kindes rechts und links der Mittellinie. Kneten Sie 5mal von oben nach unten in kreisförmigen Bewegungen an diesem Meridian entlang, und zwar an beiden Seiten der Wirbelsäule gleichzeitig. Verwenden Sie dazu entweder Zeige- und Mittelfinger oder beide Daumen.

Zum Schluß reiben Sie mit Zeige- und Mittelfinger 5mal an beiden Seiten der Wirbelsäule am Blasen-Meridian entlang, hinauf und wieder hinunter.

Stärkt alle inneren Organe

Regt das Nervensystem zur Stärkung des Immunsystems an

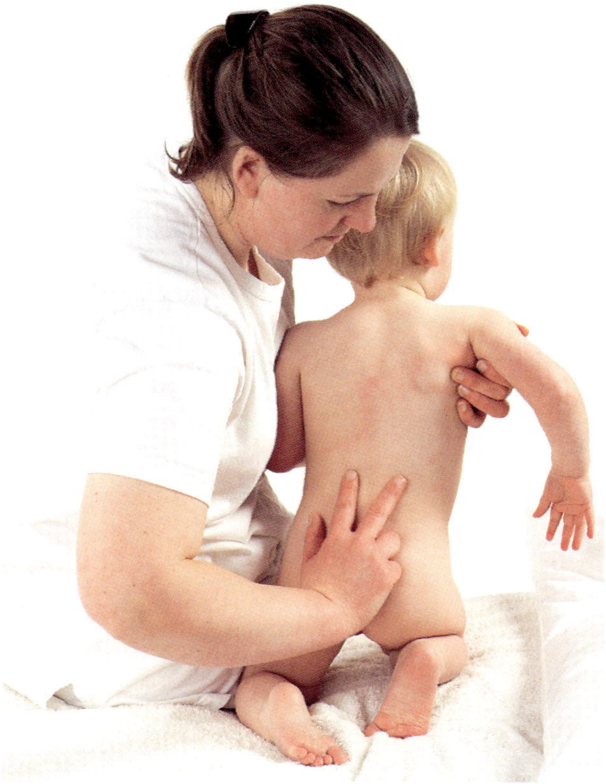

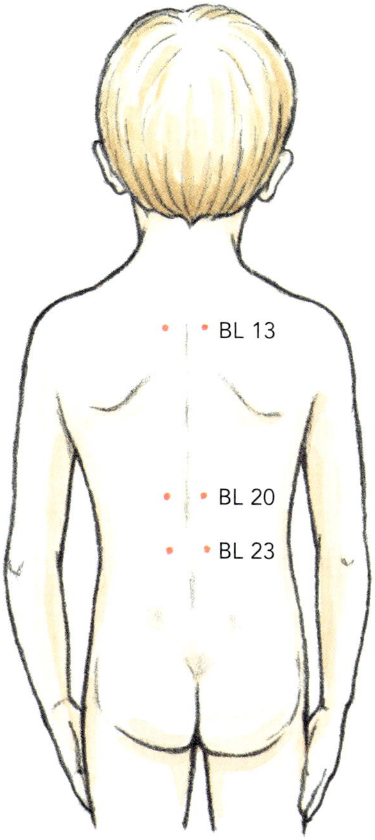

KNETEN DER BLASEN-MERIDIANPUNKTE

Diese Punkte liegen alle auf dem Blasen-Meridian. Kneten Sie mit zwei Fingern jedes Punkte-Paar 50mal gleichzeitig an beiden Seiten der Wirbelsäule im Uhrzeigersinn.

Die Lungen-Punkte (BL 13) liegen auf der gleichen Höhe wie die oberen Ecken des Schulterblatts.

Hilft, Erkältungen und Infektionen der Atemwege vorzubeugen

Die Nieren-Punkte (BL 23) liegen auf der gleichen Höhe wie die untersten Rippen.

Fördert eine gesunde Entwicklung der Knochen

Die Milz-Punkte (BL 20) liegen drei Wirbel oberhalb der Nieren-Punkte.

Regt die Verdauung an

Fördert die Muskelentwicklung

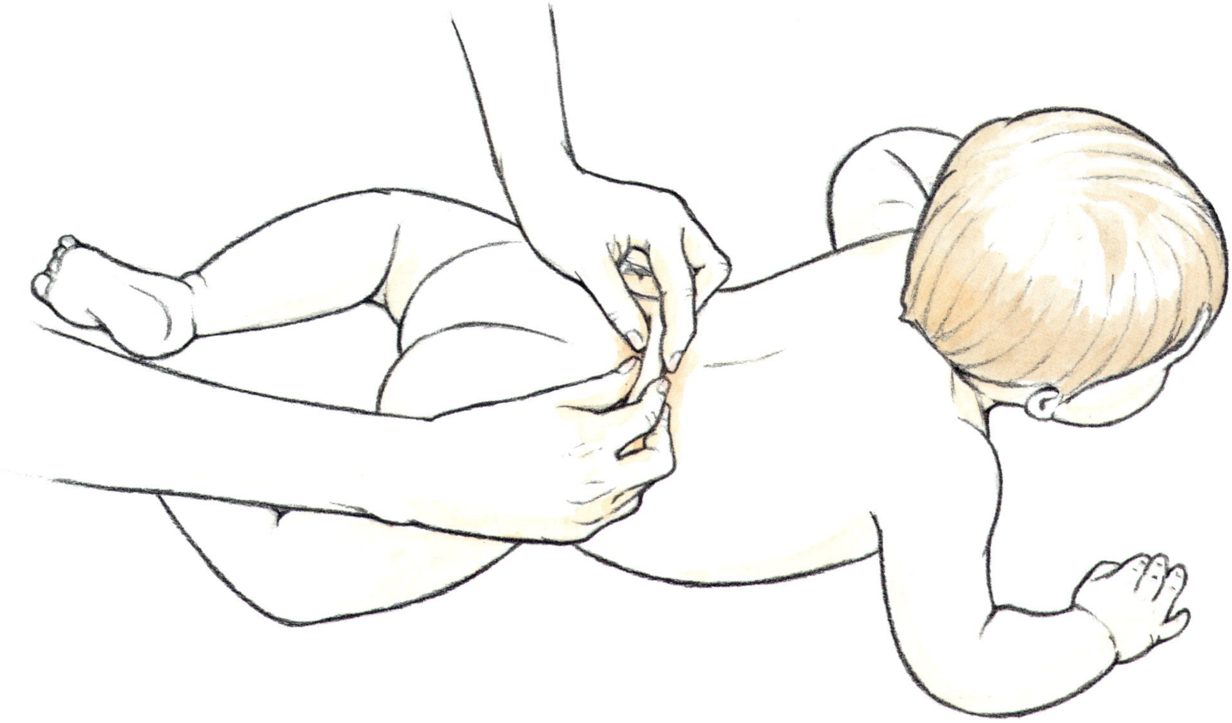

AN DER WIRBELSÄULE ENTLANG KNEIFEN

Beginnen Sie am unteren Ende der Wirbelsäule, kneifen Sie die Haut zwischen Daumen und Zeigefinger und ziehen Sie sie leicht nach oben. Schieben Sie eine Hand 2 cm an der Wirbelsäule hoch, und wiederholen Sie diesen Griff. Dann schieben Sie die andere Hand ebenfalls hoch, so daß beide Hände auf gleicher Höhe liegen, und wiederholen Sie den Griff noch einmal. Arbeiten Sie sich so die ganze Wirbelsäule entlang nach oben.

Vorsicht: Wenden Sie diese Technik nicht bei Babys an, die unter zwei Wochen alt sind. Führen Sie die Massage bei kleinen Babys sehr sanft und vorsichtig durch.

氣

Regt das Immunsystem sehr stark an

Verleiht dem Körper die nötige Kraft und Energie für die Entwicklung aller inneren Organe

ÜBER DEN RÜCKEN REIBEN

Reiben Sie mit der Handfläche rasch und leicht über den Rücken des Kindes; beginnen Sie in Schulterhöhe, und schieben Sie die Hand dann zu den Gesäßbacken hinunter und wieder nach oben. Wiederholen Sie das 3mal.

氣

Verstärkt die Blutzirkulation und den Qi-Fluß

Verleiht allen inneren Organen Energie

DIE WIRBELSÄULE ENTLANG NACH UNTEN REIBEN

Reiben Sie mit Zeige- und Mittelfinger gleichzeitig 5mal leicht die Wirbelsäule (Du-Meridian) hinunter, und zwar vom Nackenansatz bis zum Kreuzbein.

氣

Regt die Entwicklung von Gehirn und Wirbelsäule an

Beruhigt unruhige Kinder

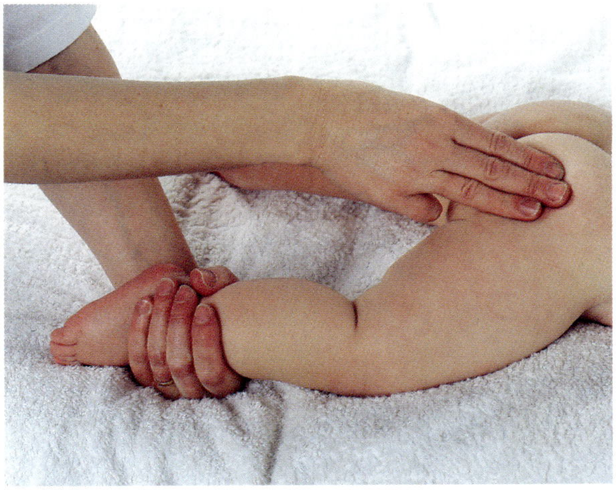

KNETEN DER GESÄSSBACKEN

Kneten Sie abwechselnd jede Gesäßbacke 10–20mal, und zwar entweder mit dem Handballen oder bei Babys mit Zeige-, Mittel- und Ringfinger. Nun suchen Sie nach den Vertiefungen, die auf einer Linie zwischen dem Steißbein und der Außenkante des Hüftbeins liegen, und zwar am Ende der ersten zwei Drittel (GB 30). Kneten Sie diese Punkte 10–20mal mit Zeige- und Mittelfinger.

氣

Fördert eine gesunde Entwicklung der Gesäßmuskeln

Regt die Nerven der Beine an und kräftigt die Beine

Hinterseite der Beine und Füße

Bei diesem Teil der Ganzkörpermassage muß das Kind auf dem Bauch liegen und die Beine gerade ausstrecken, damit Sie das ganze Bein bis zum Oberschenkel hinauf und einen Punkt an der Fußsohle massieren können.

Während Sie die Anleitungen für die Massageschritte in diesem Abschnitt befolgen, schauen Sie sich immer wieder diese Fotos (unten und rechts) an. Die genauen Stellen der Qi-Punkte und -Flächen tragen die Bezeichnung des jeweiligen Massageschritts.

Führen Sie erst einmal alle Massageschritte an einem Bein aus, und wiederholen Sie sie dann am anderen Bein.

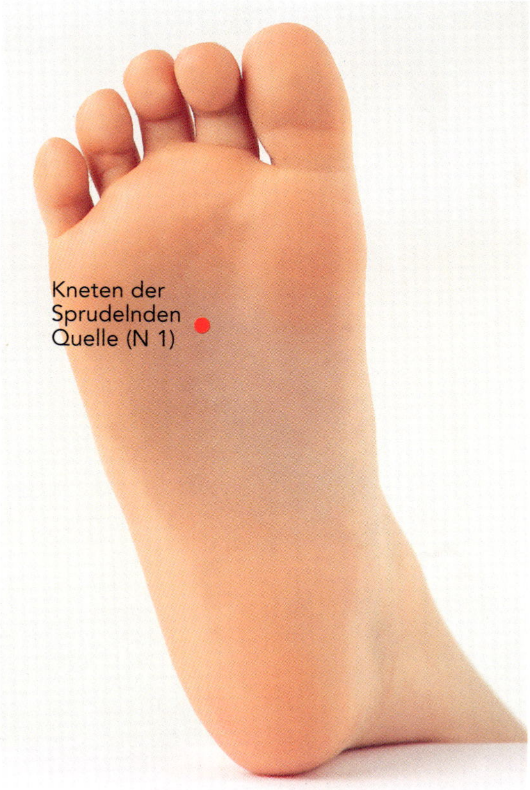

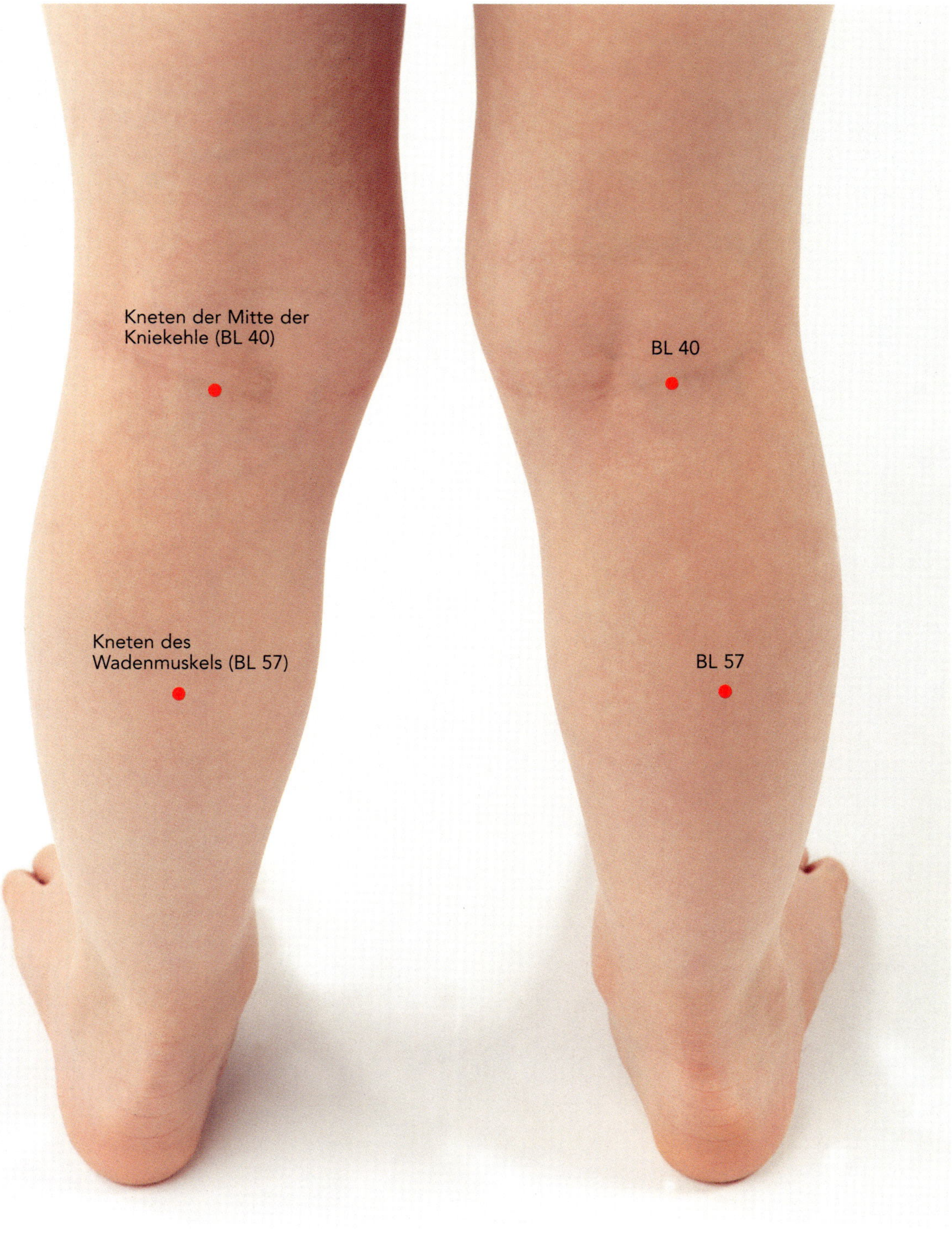
Kneten der Mitte der
Kniekehle (BL 40)
BL 40
Kneten des
Wadenmuskels (BL 57)
BL 57

KNEIFEN AN DER HINTERSEITE DES BEINS

Beginnen Sie oben am Oberschenkel, und kneifen Sie langsam 5mal an der Hinterseite des Beins entlang nach unten. Schieben Sie Ihre Hand nach jedem Griff etwa 1 cm tiefer, und ziehen Sie das Fleisch jedesmal leicht nach oben.

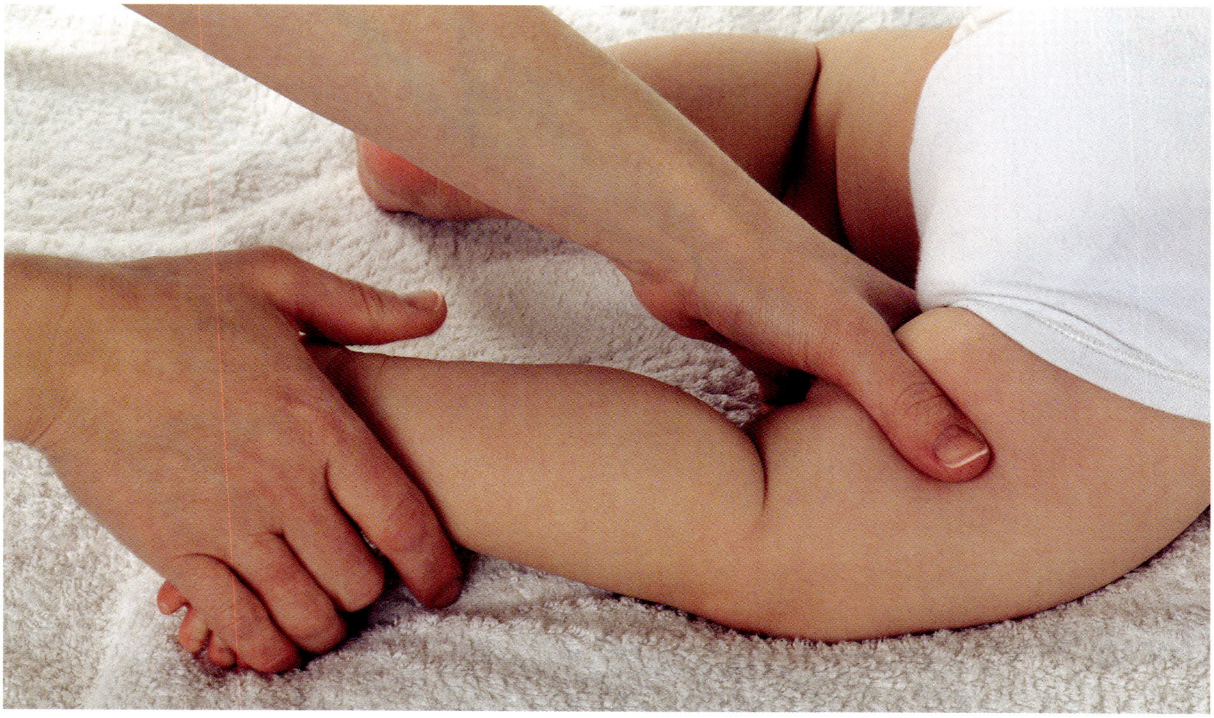

氣 *Regt den Qi-Fluß und die Blutzirkulation in Kniesehne und Wadenmuskulatur an*

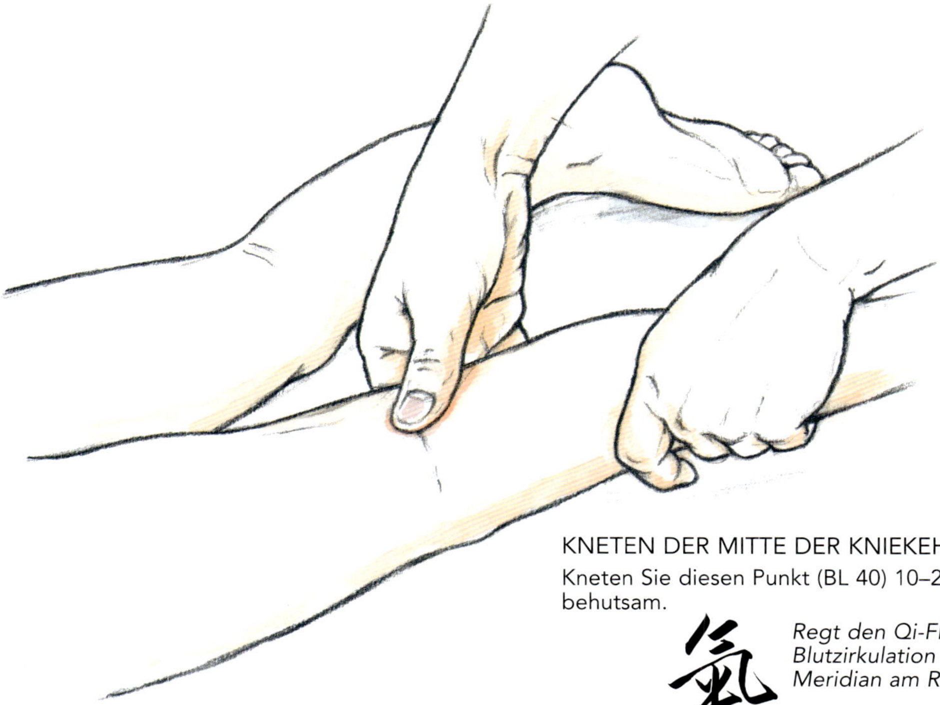

KNETEN DER MITTE DER KNIEKEHLE

Kneten Sie diesen Punkt (BL 40) 10–20mal sanft und behutsam.

氣

Regt den Qi-Fluß und die Blutzirkulation im Blasen-Meridian am Rücken an

Stärkt die Nerven der Beine und verbessert dadurch die Bewegungskoordination

KNETEN DES WADENMUSKELS

Kneten Sie die Mitte des Wadenmuskels (BL 57) 10mal mit dem Daumen.

氣

Kräftigt die Unterschenkel

Beugt Krämpfen in den Beinen vor

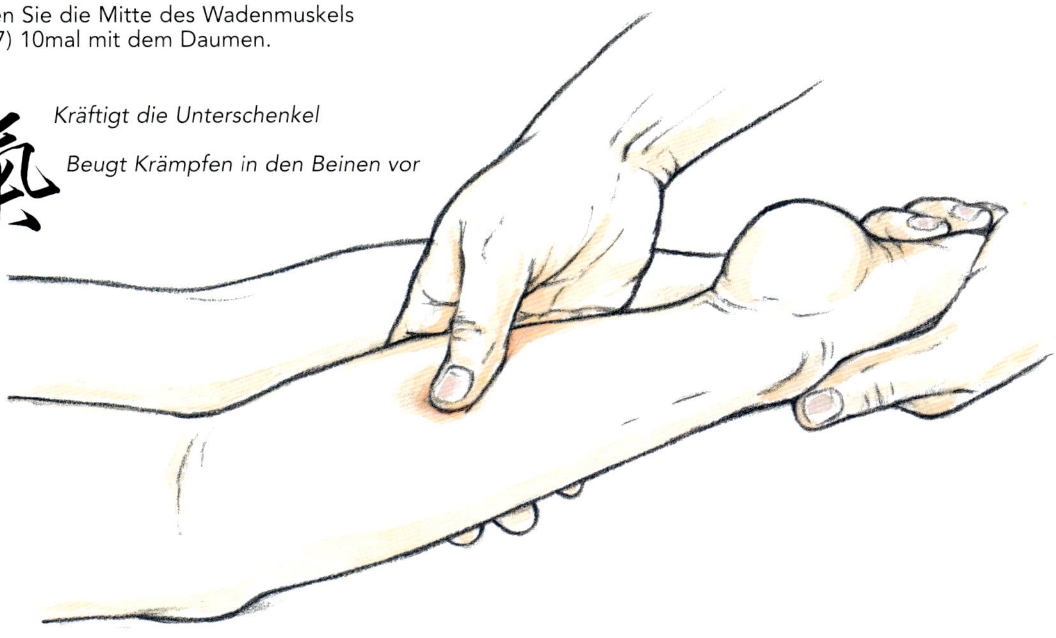

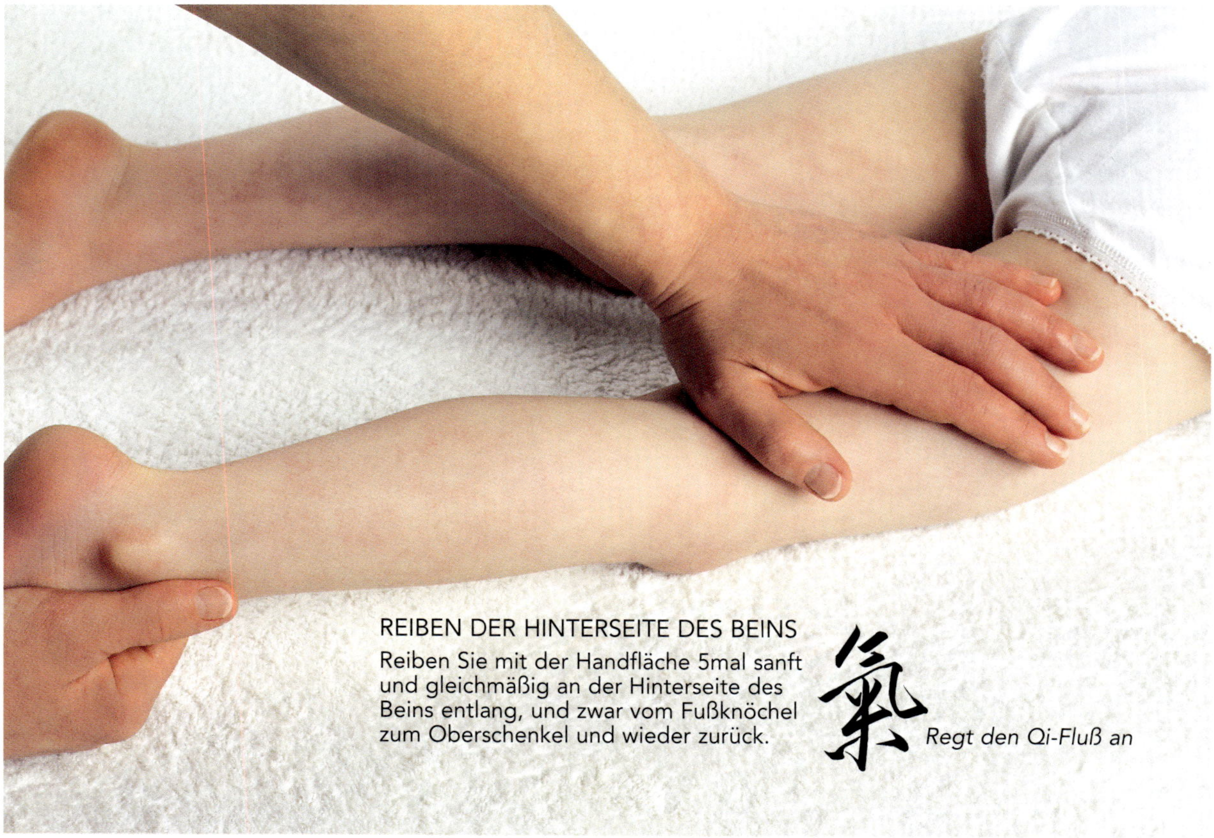

REIBEN DER HINTERSEITE DES BEINS

Reiben Sie mit der Handfläche 5mal sanft und gleichmäßig an der Hinterseite des Beins entlang, und zwar vom Fußknöchel zum Oberschenkel und wieder zurück.

氣 *Regt den Qi-Fluß an*

KNETEN DER SPRUDELNDEN QUELLE

Der Punkt «Sprudelnde Quelle» (N 1) liegt an der Fußsohle auf der Mittellinie zwischen Ferse und Zehenwurzeln, und zwar am Ende des zweiten Drittels. Kneten Sie diesen Punkt 50mal mit Mittelfinger oder Daumen. Dann reiben Sie mit dem Daumen 50mal über diesen Punkt, und zwar zu den Zehen hin.

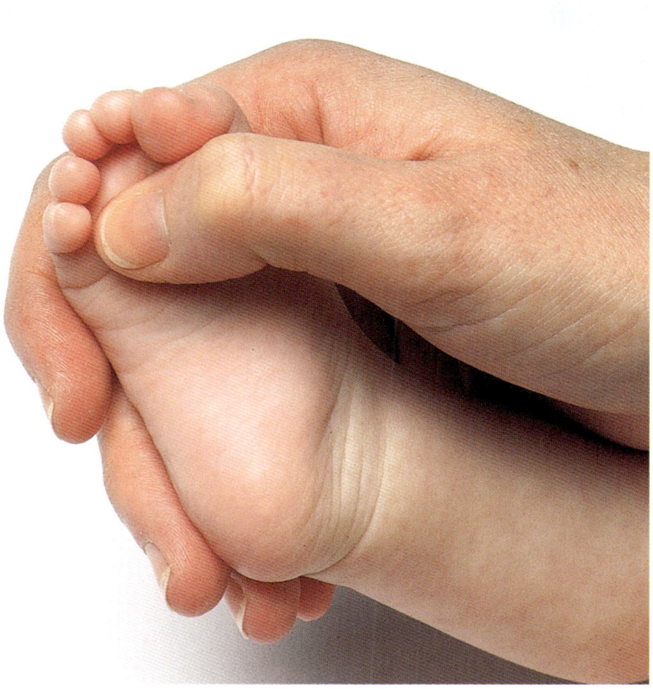

氣

Wirkt sehr beruhigend

Fördert einen tiefen Schlaf

Damit die Massage auch Spaß macht . . .

Sobald Sie sich mit den einzelnen Teilen der Ganzkörpermassage vertraut gemacht haben, werden Sie feststellen, daß sie Ihnen immer leichter und rascher von der Hand geht. Auch Ihr Kind wird die Massageschritte kennenlernen und bald schon vorher wissen, was als nächstes kommt. Die Massage ist so aufgebaut, daß das Kind seine Position dabei ziemlich häufig wechseln kann, damit es nicht zu unruhig wird. Die für die einzelnen Massageteile angegebenen Positionen sind aber nur Richtlinien; Sie können sie so abwandeln, wie es in der jeweiligen Situation am bequemsten für Sie ist.

Beziehen Sie Ihr Kind in die Massage ein, indem Sie ein Spiel daraus machen. Während Sie die Finger und Hände des Kindes im ersten Teil oder die Füße im letzten Teil massieren, spielen Sie Fingerspiele und singen Kinderlieder und -reime. Ermuntern Sie das Kind dazu, Ihre Bewegungen nachzuahmen und vielleicht sein rechtes Bein zu massieren, während Sie an seinem linken Bein arbeiten. Statt dessen kann es natürlich auch eine Puppe oder einen Teddybären massieren. Bleiben Sie mit dem Kind im Gespräch, und erklären Sie ihm, was Sie gerade tun: «Jetzt reibe ich deinen Rücken, damit du groß und stark wirst.» Oder erfinden Sie während der Massage Geschichten und erzählen sie Ihrem Kind.

Vor allem sollte die Massage beiden – Eltern und Kindern – Spaß machen. Wenn das Kind zappelig wird, versuchen Sie, es mit einem Lied oder einer Geschichte abzulenken. Wenn es sich nicht ablenken läßt, ärgern Sie es nicht, indem Sie weitermassieren – versuchen Sie es später oder an einem anderen Tag wieder. Die meisten Kinder genießen den Körperkontakt und die ausschließliche Aufmerksamkeit und Zuwendung ihrer Eltern während der Massage.

Kapitel 4

Behandlung häufiger Kinderkrankheiten und -Beschwerden

In chinesischen Krankenhäusern werden viele Krankheiten und Probleme mit Tui Na behandelt. Die sehr detaillierten Behandlungsvorschriften berücksichtigen – der Theorie der Traditionellen Chinesischen Medizin gemäß – sowohl die Ursache der Erkrankung als auch die Konstitution des Kindes. Solche Behandlungen sind wahrhaft ganzheitlich, denn dabei wird das ganze Kind seinen einmaligen, individuellen Bedürfnissen entsprechend behandelt.

Einen solchen Behandlungsplan aufzustellen, erfordert diagnostische Fähigkeiten, die den Rahmen dieses Buches sprengen würden. Es gibt aber auch ein paar Grundbehandlungen für einige häufige Kinderkrankheiten und -beschwerden, die man immer einsetzen kann. In diesem Kapitel möchte ich Ihnen fünf dieser Behandlungspläne vorstellen: für Erkältung, Husten, Kinder, die nachts weinen und unruhig sind, Koliken und Zahnen. Jeder dieser Grundbehandlungspläne besteht aus drei oder vier Schritten, die Sie durchführen können, um die Symptome zu lindern und den Organismus des Kindes zu stärken. Die meisten dieser Techniken sind der Ganzkörpermassage in Kapitel 3 entnommen und werden hier mit Fotos und genauen Anleitungen dargestellt. Ich beschreibe auch die Krankheiten bzw. Beschwerden und erkläre, wie und warum Tui Na hier hilft.

Vorsicht: Halten Sie sich an die in Kapitel 2 gegebenen Richtlinien für den Einsatz von Tui-Na-Techniken! Wenn Sie nicht sicher sind, was Ihrem Kind fehlt, sollten Sie auf jeden Fall einen qualifizierten Arzt aufsuchen.

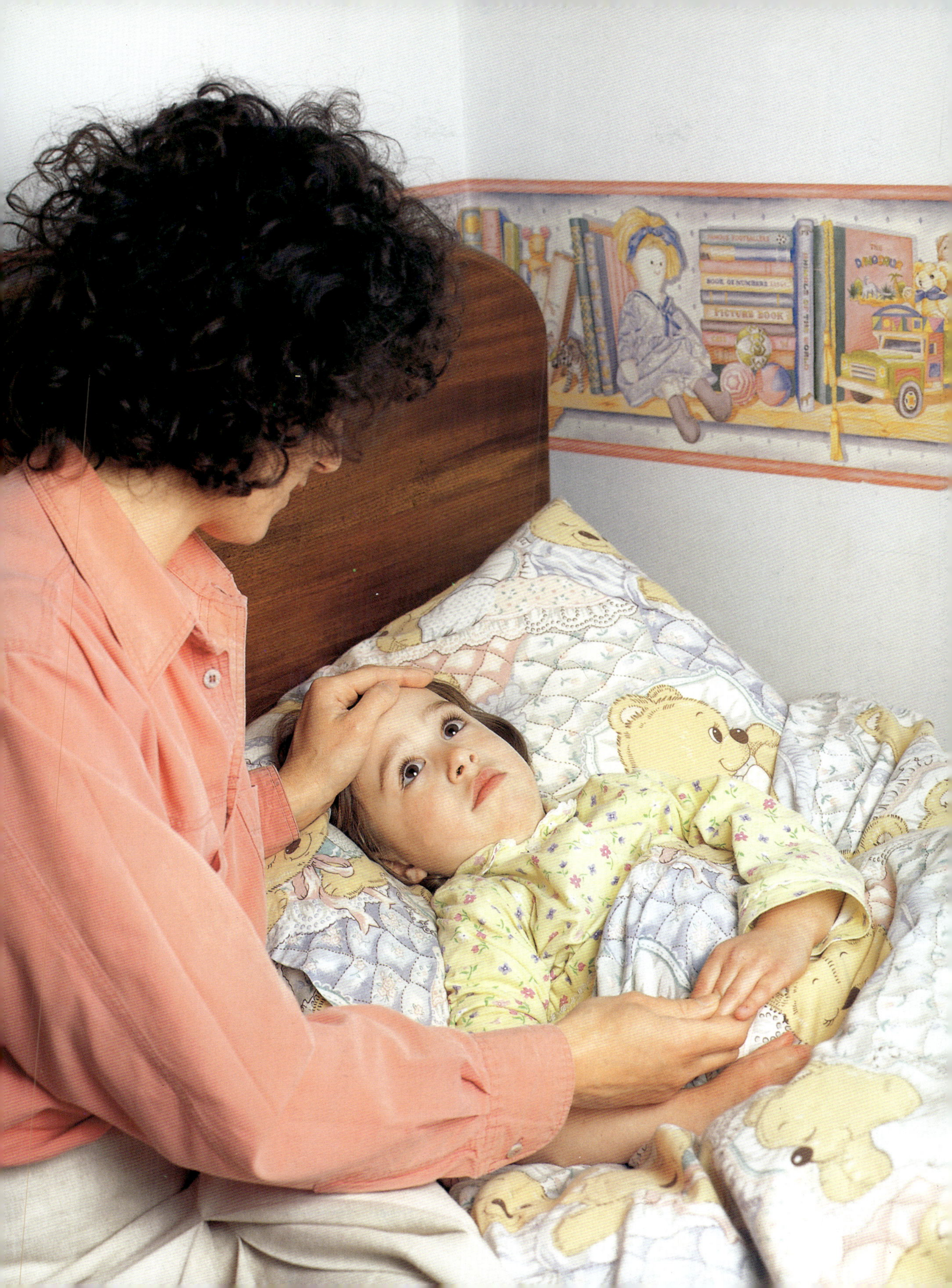
BOOK OF NUMBERS
PICTURE BOOK

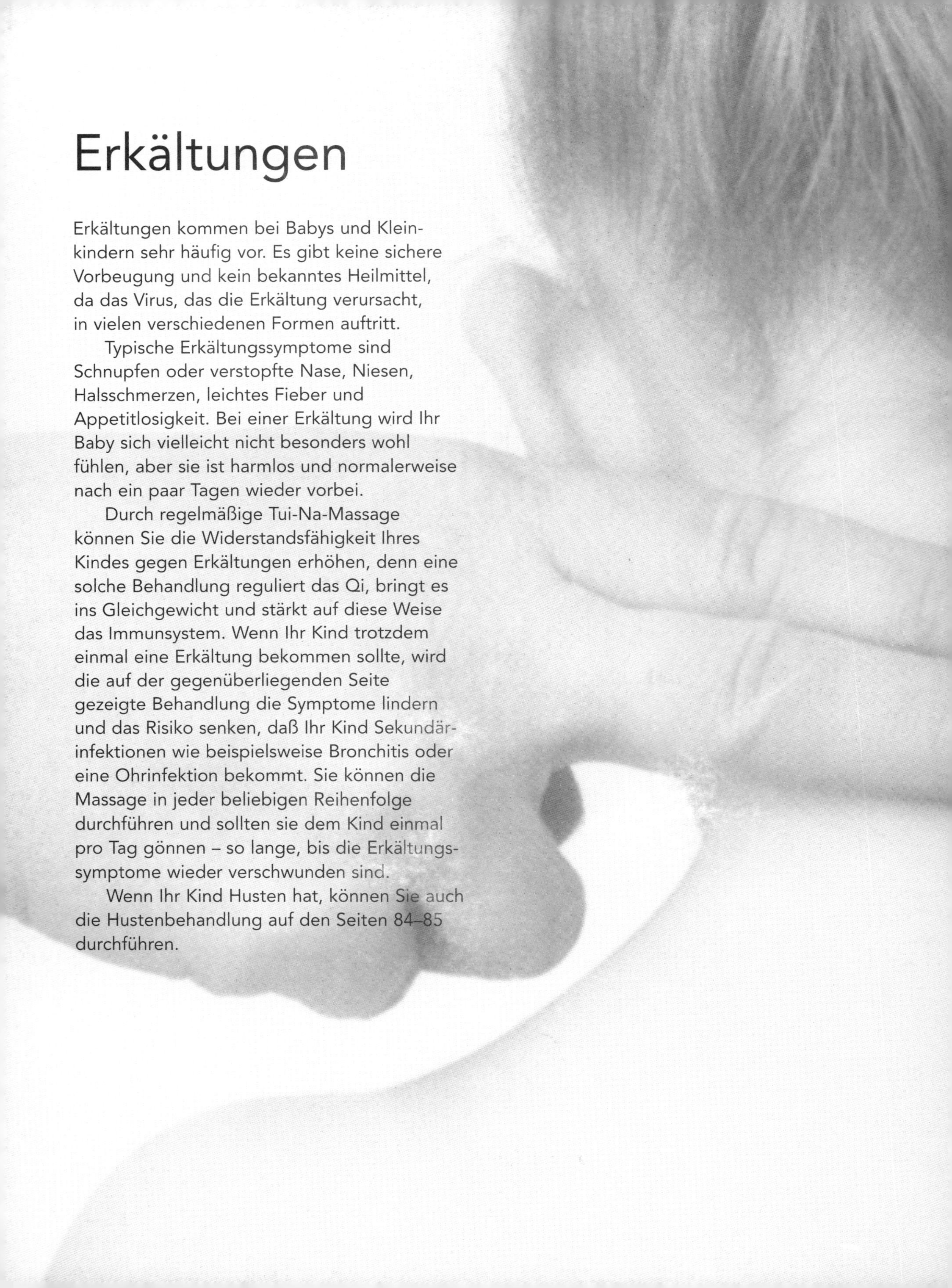

Erkältungen

Erkältungen kommen bei Babys und Kleinkindern sehr häufig vor. Es gibt keine sichere Vorbeugung und kein bekanntes Heilmittel, da das Virus, das die Erkältung verursacht, in vielen verschiedenen Formen auftritt.

Typische Erkältungssymptome sind Schnupfen oder verstopfte Nase, Niesen, Halsschmerzen, leichtes Fieber und Appetitlosigkeit. Bei einer Erkältung wird Ihr Baby sich vielleicht nicht besonders wohl fühlen, aber sie ist harmlos und normalerweise nach ein paar Tagen wieder vorbei.

Durch regelmäßige Tui-Na-Massage können Sie die Widerstandsfähigkeit Ihres Kindes gegen Erkältungen erhöhen, denn eine solche Behandlung reguliert das Qi, bringt es ins Gleichgewicht und stärkt auf diese Weise das Immunsystem. Wenn Ihr Kind trotzdem einmal eine Erkältung bekommen sollte, wird die auf der gegenüberliegenden Seite gezeigte Behandlung die Symptome lindern und das Risiko senken, daß Ihr Kind Sekundärinfektionen wie beispielsweise Bronchitis oder eine Ohrinfektion bekommt. Sie können die Massage in jeder beliebigen Reihenfolge durchführen und sollten sie dem Kind einmal pro Tag gönnen – so lange, bis die Erkältungssymptome wieder verschwunden sind.

Wenn Ihr Kind Husten hat, können Sie auch die Hustenbehandlung auf den Seiten 84–85 durchführen.

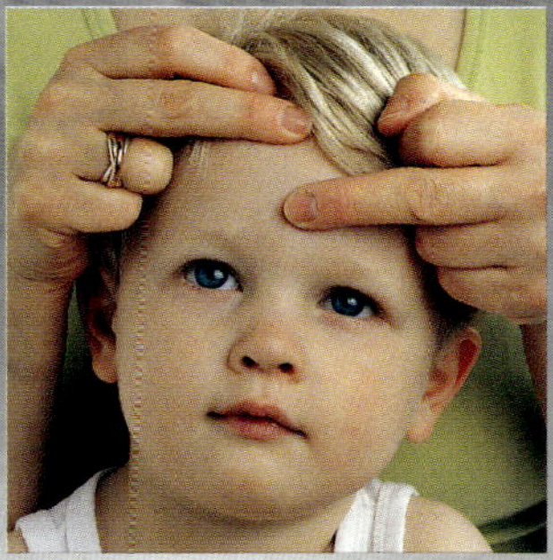

DAS TOR DES KOPFES SCHIEBEN

Beginnen Sie an dem Punkt in der Mitte zwischen den Augenbrauen, und reiben Sie 50mal abwechselnd mit dem rechten und linken Mittelfinger die Stirn entlang nach oben bis zum Haaransatz.

REIBEN DER AUGENBRAUEN

Streichen Sie mit Zeige- und Mittelfinger an den Augenbrauen des Kindes entlang, und zwar von den inneren Enden (BL 2) bis zu den äußeren (SJ 23). Wiederholen Sie das 50mal.

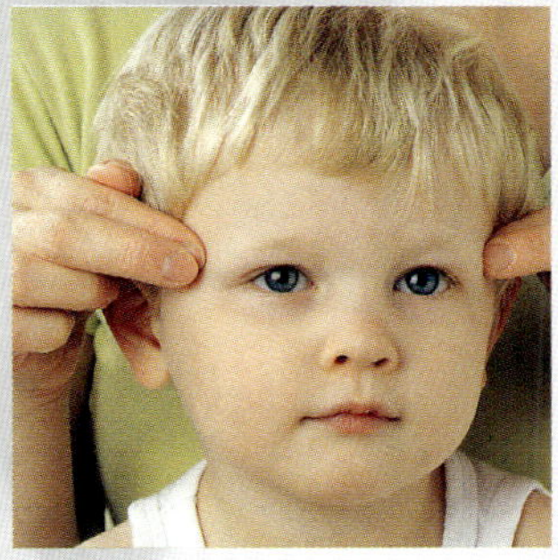

DEN SONNENPUNKT KNETEN

Legen Sie Ihre Daumen auf die Taiyang-Punkte in den Vertiefungen links und rechts der äußeren Augenwinkel, und kneten Sie diese Punkte 50mal.

NACKEN UND KOPF KNETEN

Halten Sie mit einer Hand die Stirn des Kindes, und suchen Sie mit der anderen nach den Vertiefungen unter der Schädelbasis. Kneten Sie diese Punkte zu beiden Seiten der Nacken-Mittellinie (GB 20) 30mal ganz sanft mit Daumen und Mittelfinger.

Dann schieben Sie Daumen und Mittelfinger nach außen an die Stelle, wo der Schädel hinter den Ohren hervorragt (GB 12). Kneten Sie beide Punkte gleichzeitig 30mal.

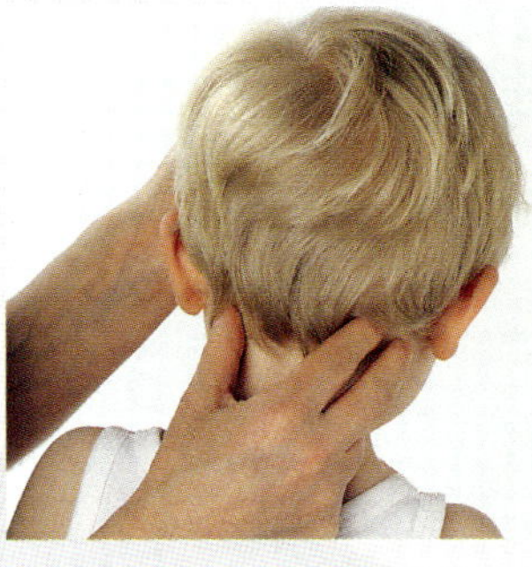

Husten

Jeder Husten ist eine Reflexreaktion auf eine Reizung in der Luftröhre mit dem Ziel, die Atemwege wieder freizumachen. Husten kann bei einer Erkältung oder auch allein auftreten; man unterscheidet zwei verschiedene Arten:

- Ein trockener Reizhusten deutet normalerweise auf eine Infektion hin, die eine leichte Entzündung in der Luftröhre verursacht. Ein solcher Husten kann sehr hartnäckig sein, ist aber nicht mit Schleimabsonderung verbunden.
- Husten mit Auswurf, bei dem das Kind Schleim abhustet, kann Zeichen einer schwereren Entzündung sein, bei der möglicherweise nicht nur die Luftröhre betroffen ist, sondern auch die Atemwege in den Lungen in Mitleidenschaft gezogen sind.

Da Husten ein Schutzmechanismus ist, um einer Verstopfung der Atemwege vorzubeugen, kann sich die Genesung verzögern und der Gesundheitszustand des Kindes sogar verschlimmern, wenn man dem Kind ein Mittel verabreicht, das den Husten unterdrückt.

Die auf der gegenüberliegenden Seite gezeigten Behandlungsschritte beruhigen die Nervenzentren, die den Hustenreflex steuern, so daß das Husten sehr rasch auf das Mindestmaß reduziert wird, das notwendig ist, um die Atemwege freizuhalten. Sie regulieren das Qi, bringen es ins Gleichgewicht und stärken gleichzeitig die Immunreaktion, so daß das Kind die Infektion leichter überwindet. Führen Sie die Behandlung einmal pro Tag durch; die Reihenfolge der Massageschritte ist beliebig.

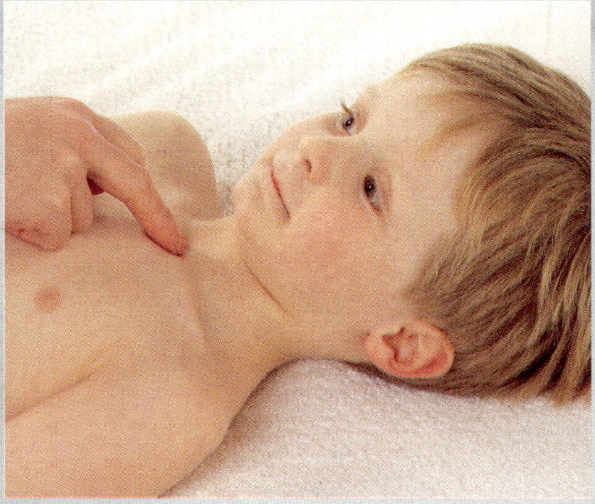

KNETEN DER OBEREN BRUSTPARTIE

Schieben Sie Ihren Finger in der Mitte des Brustbeins nach oben, bis er in die Vertiefung am Halsansatz (R 22) hineinsinkt. Kneten Sie diesen Punkt mit dem Mittelfinger 50mal im Uhrzeigersinn.

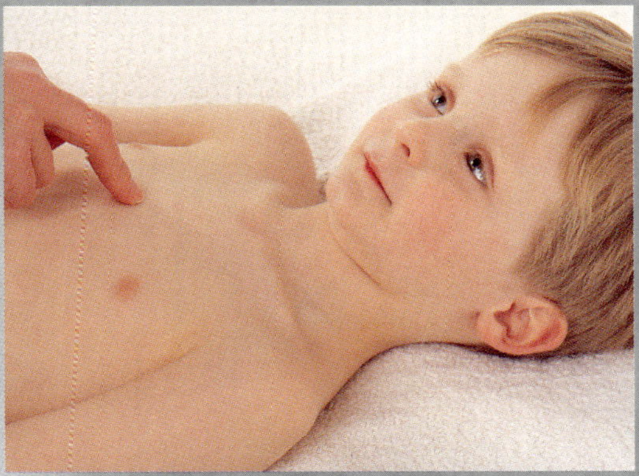

KNETEN DER MITTLEREN BRUSTPARTIE

Kneten Sie den Punkt am Brustbein, der genau in der Mitte zwischen den Brustwarzen liegt (R 17), 100mal mit dem Mittelfinger im Uhrzeigersinn. Dann reiben Sie von diesem Punkt aus mit beiden Daumen nach außen zu den Brustwarzen hin.

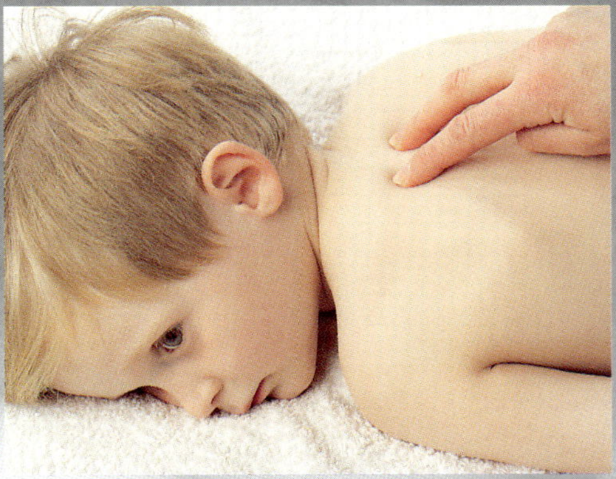

KNETEN DER BLASEN-MERIDIANPUNKTE

Der Blasen-Meridian verläuft an beiden Seiten der Wirbelsäule entlang, zwei Fingerbreiten des Kindes rechts und links von der Mittellinie. Kneten Sie mit zwei Fingern jedes Punkte-Paar 50mal gleichzeitig an beiden Seiten der Wirbelsäule im Uhrzeigersinn.

Kneten Sie zuerst die Lungen-Punkte (BL 13), die auf gleicher Höhe liegen wie die oberen Ecken des Schulterblatts.

Dann schieben Sie die Hand einen Wirbel höher und kneten den nächsten Punkt (BL 12).

Jetzt wandern Sie mit der Hand wieder einen Wirbel höher und kneten den Punkt BL 11.

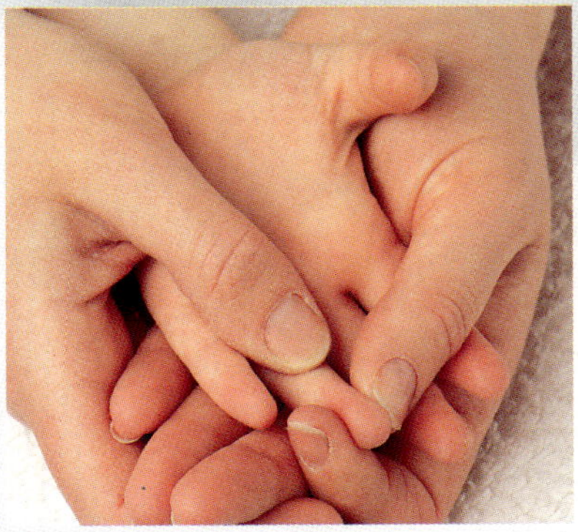

REIBEN DES RINGFINGERS

Halten Sie die Hand des Kindes so, daß seine Handfläche nach oben zeigt, stützen Sie seinen Ringfinger und reiben Sie ihn 300mal mit dem Daumen von der Spitze zur Fingerwurzel hin (Lungen-Meridian).

Wenn Kinder nachts weinen und unruhig sind

Häufig gestörter Nachtschlaf kostet die Eltern Kraft und Nerven. Die hier beschriebenen Behandlungen beruhigen das Kind, so daß alle gut schlafen können.

Um das Kind zu beruhigen und auf einen ruhigen Nachtschlaf einzustimmen, streichen Sie vor dem Schlafengehen – vielleicht nach einem Bad oder einer Gutenachtgeschichte – an seinem Rücken hinunter (siehe gegenüberliegende Seite). Wenn das Kind nachts aufwacht, prüfen Sie erst einmal, ob es einen Grund dafür gibt – vielleicht sind die Windeln naß, oder das Kind friert oder ist zu warm zugedeckt. Falls das nicht der Fall ist, führen Sie die Behandlungen (oder eine der Behandlungen) auf der gegenüberliegenden Seite durch. Massieren Sie bei gedämpftem Licht, und sorgen Sie für eine ruhige Atmosphäre, damit die Massage und Ihre Gegenwart das Kind beruhigt und wieder in den Schlaf wiegt.

Bei kleinen Babys sind oft harmlose Verdauungsprobleme schuld, wenn das Kind nachts aufwacht und zu weinen anfängt. In solchen Fällen hat das Reiben des Unterleibs (siehe gegenüberliegende Seite) eine besonders gute Wirkung. Sie können aber auch die Kolik-Behandlungen auf den Seiten 88–89 durchführen.

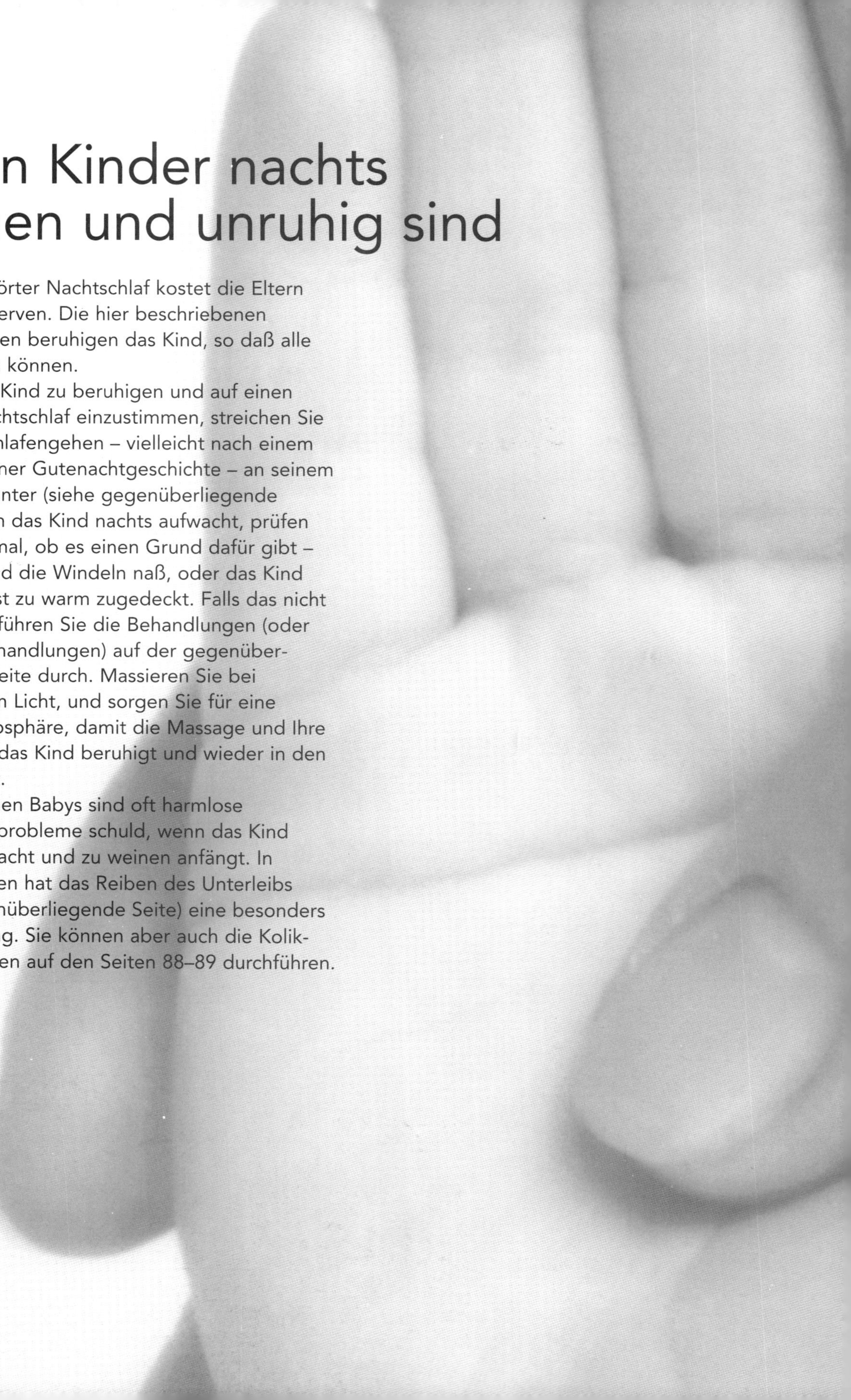

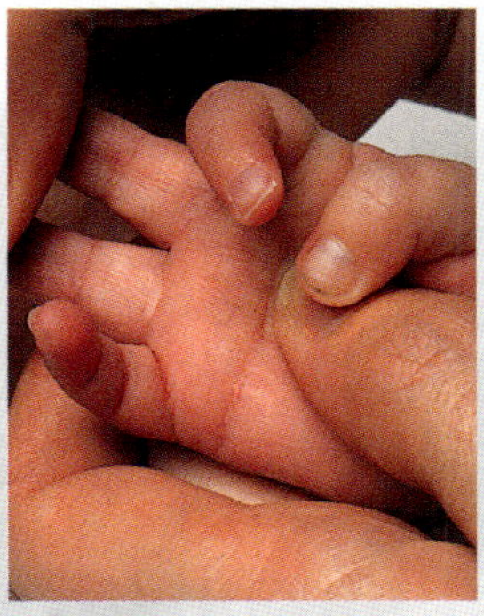

UM DAS NEIBAGUA HERUM REIBEN

Das Neibagua ist eine kreisförmige Fläche in der Mitte des Handtellers, deren Durchmesser ungefähr zwei Drittel der Linie von der Handflächenmitte (HB 8) zum Mittelfinger beträgt. Reiben Sie 50mal im Uhrzeigersinn um das Neibagua herum.

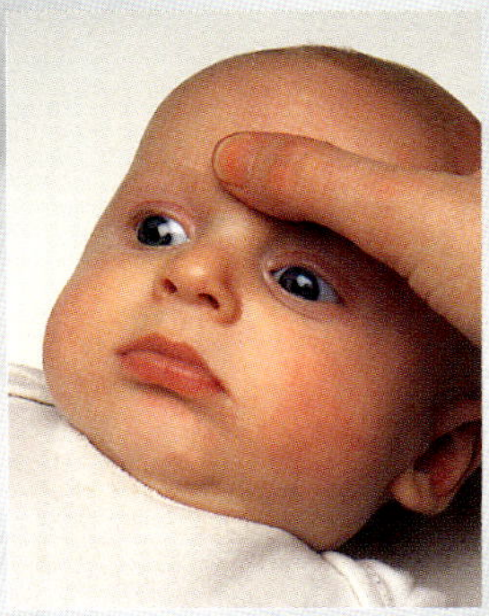

DAS TOR DES KOPFES SCHIEBEN

Beginnen Sie an dem Punkt in der Mitte zwischen den Augenbrauen, und reiben Sie 50mal abwechselnd mit dem rechten und linken Mittelfinger die Stirn entlang nach oben bis zum Haaransatz.

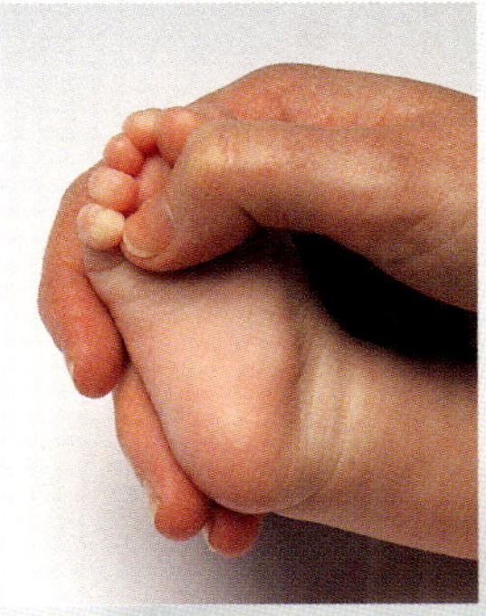

DIE SPRUDELNDE QUELLE KNETEN

Der Punkt «Sprudelnde Quelle» (N 1) liegt an der Fußsohle auf der Mittellinie zwischen Ferse und Zehenwurzeln, und zwar am Ende des zweiten Drittels. Kneten Sie diesen Punkt 50mal mit Mittelfinger oder Daumen. Dann reiben Sie mit dem Daumen 50mal über den Punkt, und zwar zu den Zehen hin.

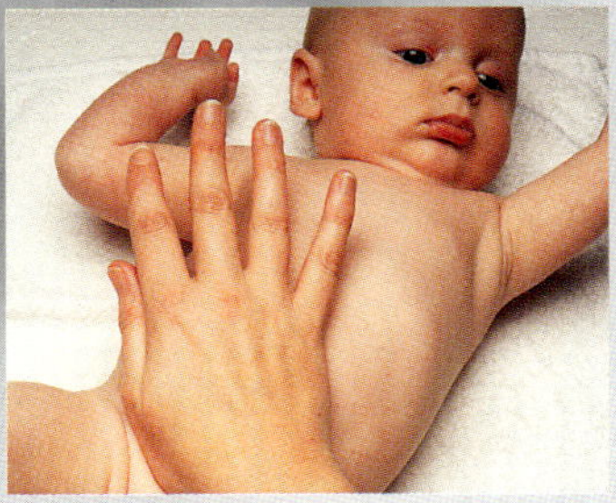

DIE ENERGIEQUELLE KNETEN

Die Energiequelle (Dantien) ist der Bereich direkt unter dem Nabel, wo das Qi gespeichert wird. Kneten Sie diese Fläche 100mal im Uhrzeigersinn mit dem Handballen.

Koliken

Die meisten Babys haben hin und wieder Koliken, doch manche leiden fast jeden Tag – normalerweise abends – darunter. Diese Koliken sind zwar unangenehm, aber nicht gefährlich für das Baby. Allerdings können sie für die Eltern, die dadurch oft ebenfalls um den Schlaf gebracht werden, eine große Belastung darstellen.

Koliken sind Darmstörungen, die hauptsächlich bei Babys bis zum Alter von ungefähr 3 Monaten auftreten. Die Symptome sind ständiges Weinen, der Unterleib fühlt sich verhärtet an und manchmal zieht das Baby auch die Beine in Richtung Bauch an.

Die auf der gegenüberliegenden Seite gezeigten Tui-Na-Behandlungen stärken das Milz-Qi, das die Verdauung fördert und auf diese Weise die kolikartigen Schmerzen lindert. Wenden Sie diese Behandlungen immer dann an, wenn Ihr Kind Koliksymptome zeigt. Sollte das Kind regelmäßig unter Koliken leiden, so führen Sie die Behandlungsschritte schon vorbeugend durch, noch vor dem Zeitpunkt, zu dem die Symptome normalerweise beginnen.

Sobald die Kolik vorüber ist, führen Sie den Behandlungsplan für nächtliches Weinen und Unruhe auf den Seiten 86–87 durch; das wird das Kind beruhigen, so daß es besser einschlafen kann.

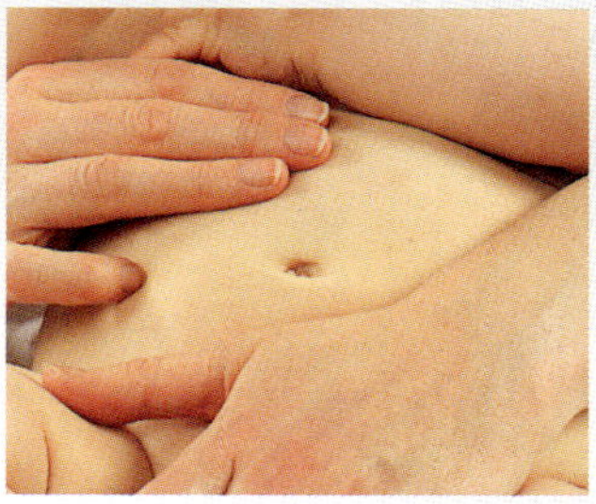

DEN UNTERLEIB REIBEN

Reiben Sie 100mal im Gegenuhrzeigersinn um den ganzen Unterleib des Kindes herum. Bei kleinen Babys benutzen Sie dazu Zeige-, Mittel- und Ringfinger, bei größeren Kindern arbeiten Sie mit der Handfläche.

DIE ENERGIEQUELLE KNETEN

Die Energiequelle (Dantien) ist der Bereich direkt unter dem Nabel, wo das Qi gespeichert wird. Kneten Sie diese Fläche 50mal im Uhrzeigersinn mit dem Handballen.

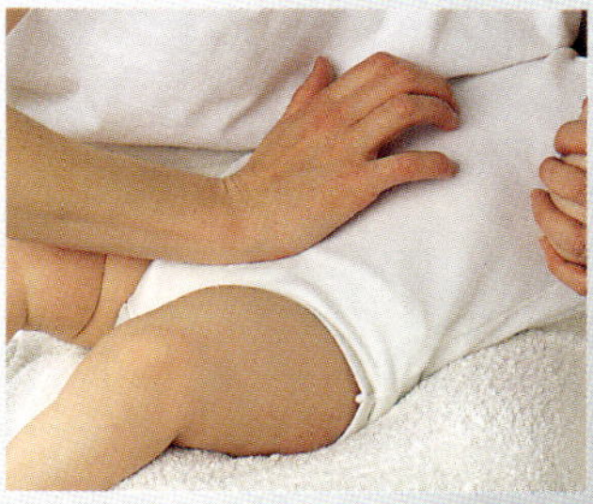

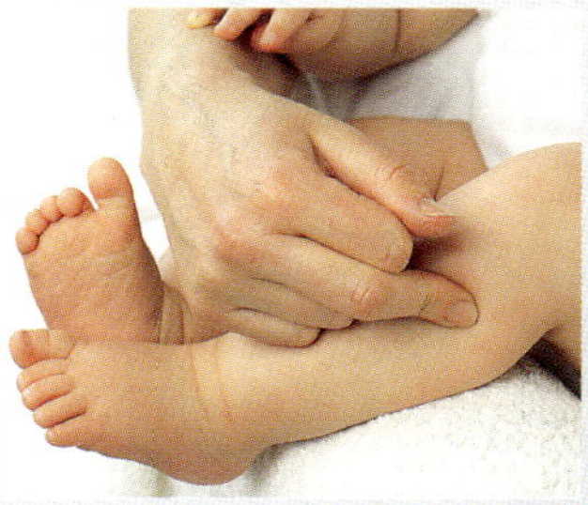

DEN DREIMEILENPUNKT DES FUSSES KNETEN

Lassen Sie Ihren Daumen an der Außenkante des Schienbeins nach oben gleiten. Der Punkt, den Sie suchen, liegt drei Daumenbreiten des Kindes unterhalb der Kniescheibe. Kneten Sie diesen Punkt (MA 36) 50mal mit dem Daumen.

AN DER WIRBELSÄULE ENTLANG KNEIFEN

Beginnen Sie am unteren Ende der Wirbelsäule, kneifen Sie die Haut zwischen Daumen, Zeige- und Mittelfinger und ziehen Sie sie leicht hoch. Schieben Sie eine Hand 2 cm an der Wirbelsäule hoch, und wiederholen Sie diesen Griff. Dann schieben Sie die andere Hand ebenfalls ein Stück nach oben, so daß beide Hände auf gleicher Höhe liegen, und wiederholen Sie den Griff noch einmal. So arbeiten Sie sich an der ganzen Wirbelsäule entlang nach oben.

Vorsicht: Nicht bei Babys unter zwei Wochen anwenden! Bei kleinen Babys sehr sanft und vorsichtig massieren.

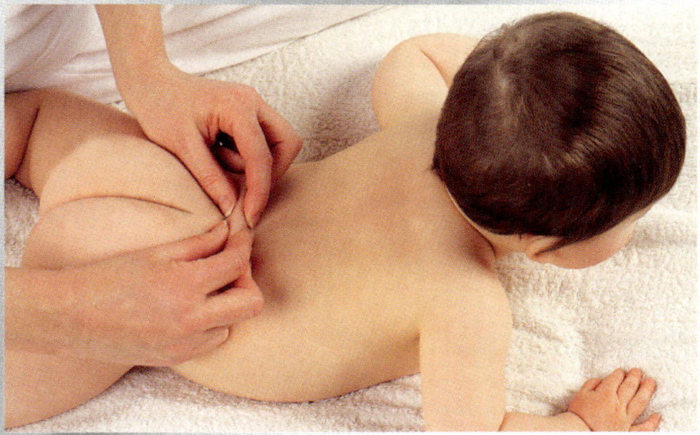

Zahnen

Die Wangen sind gerötet, das Zahnfleisch ist geschwollen und entzündet, das Baby weint und quengelt – hinter diesen Symptomen steckt ein Zahn, der sich seinen Weg durch die Haut des Zahnfleischs bahnt. Das kann ein sehr schmerzhafter Prozeß sein, so daß das Kind nachts wachliegt und unruhig ist; wenn das Zahnfleisch sehr wund ist, gibt es oft auch Probleme mit dem Essen. Doch sobald der Zahn durchgebrochen ist, legt sich der Wundschmerz im Mund normalerweise rasch wieder.

Die auf der gegenüberliegenden Seite beschriebenen Tui-Na-Behandlungen beschleunigen das Durchbrechen des Zahns und wirken lindernd auf das wunde Zahnfleisch. Man kann die Massageschritte in beliebiger Reihenfolge durchführen. Behandeln Sie das Kind einmal pro Tag damit, sobald sich die ersten Symptome des Zahnens zeigen, und setzen Sie die Behandlung so lange fort, bis der Zahn durch die Haut durchgebrochen und deutlich sichtbar ist.

Wenn das Kind unter Schlafstörungen leidet, führen Sie auch den Behandlungsplan für nächtliches Weinen und Unruhe auf den Seiten 86–87 durch.

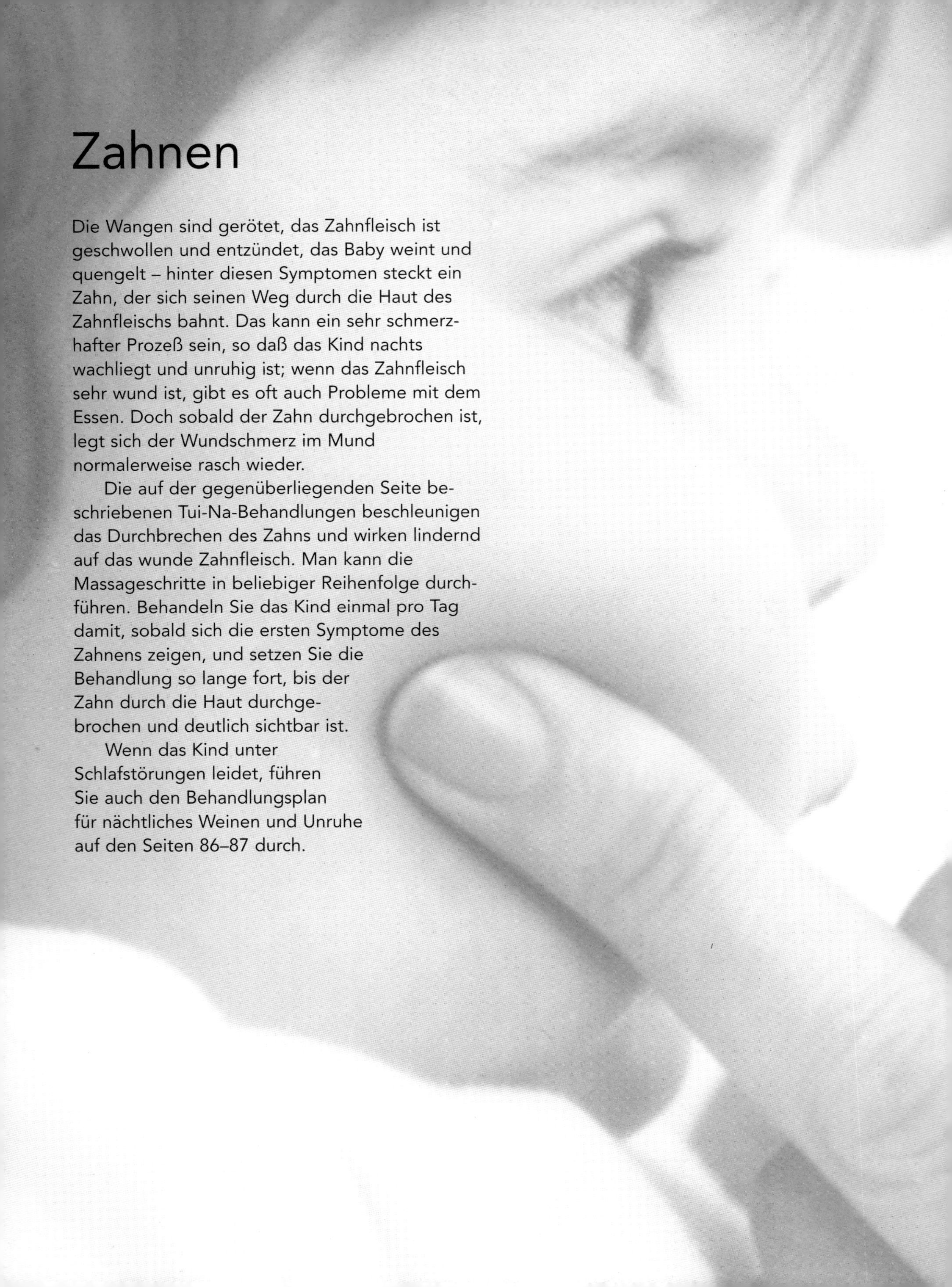

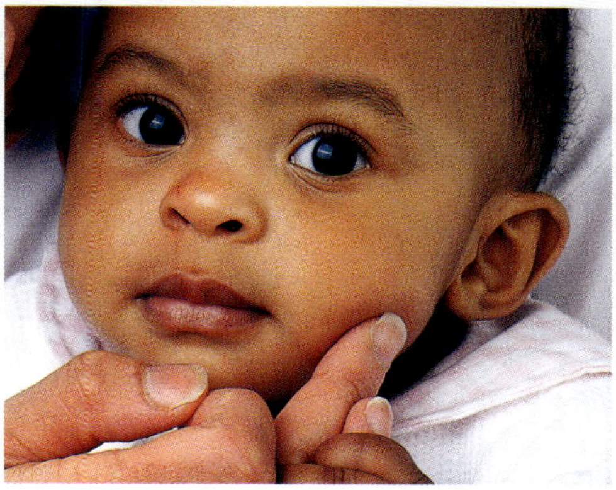

KNETEN DES KIEFERMUSKELS

Suchen Sie den Mittelpunkt des Kiefermuskels vor und über dem Unterkieferwinkel (MA 6), und kneten Sie ihn 50mal mit dem Mittelfinger.

KNETEN UNTER DEM JOCHBEIN

Suchen Sie den Punkt genau über dem Kiefermuskelpunkt (MA 6), in der Kerbe zwischen Kieferknochen und Jochbein (MA 7). Kneten Sie diesen Punkt 50mal mit dem Mittelfinger.

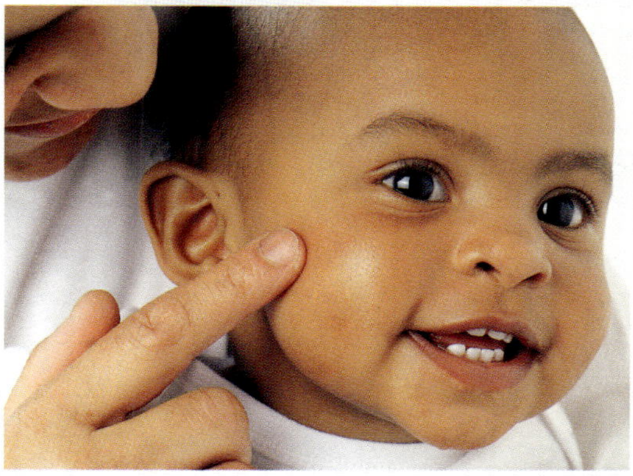

KNETEN DER TALSOHLE

Kneten Sie den Punkt in dem fleischigen Bereich zwischen Zeigefingerwurzel und Daumenwurzel (DK 4). Wiederholen Sie das 50mal.

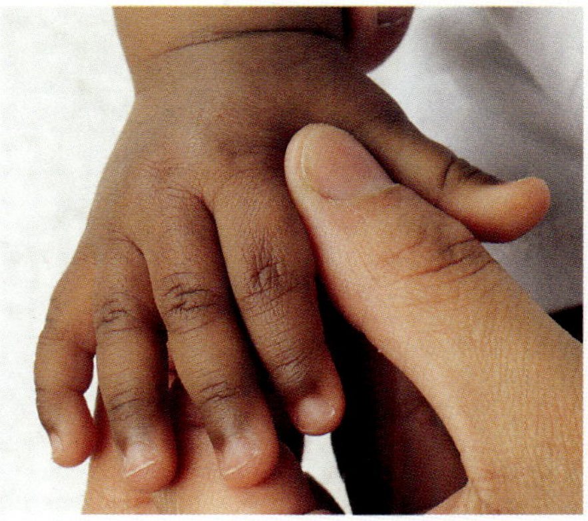

Glossar

Normalerweise sind die Punkte nach den Meridianen benannt, auf denen sie liegen. So liegt der Punkt «Blase 23» beispielsweise auf dem Blasen-Meridian, der von der Blase regiert wird. Sanjiao und Herzbeutel haben in der westlichen Medizin keine Entsprechung. Der Ren-Meridian und der Du-Meridian stehen in keiner direkten Verbindung zu irgendeinem Organ.

Die Qi-Punkte haben auch chinesische Namen, die ich hier ebenfalls nenne. Manche Qi-Punkte, die in diesem Buch behandelt werden, gibt es nur bei kleinen Kindern; sie liegen nicht auf den Meridianen. Die Positionen der Qi-Punkte sind auf den genannten Seiten dargestellt.

Banmen, der Daumenballen an der Daumenwurzel (S. 29)

Blase 2, Zanzhu, in der Vertiefung am inneren Ende der Augenbraue (S. 45)

Blase 11, Dazhu, auf gleicher Höhe wie der untere Rand des Dornfortsatzes des 1. Brustwirbels (S. 85)

Blase 12, Fengmen, auf gleicher Höhe wie der untere Rand des Dornfortsatzes des 2. Brustwirbels (S. 85)

Blase 13, Feishu, der Lungen-Punkt, auf gleicher Höhe wie der untere Rand des Dornfortsatzes des 3. Brustwirbels, zwei Fingerbreiten des Kindes neben der Mittellinie (S. 67)

Blase 20, Pishu, der Milz-Punkt, auf gleicher Höhe wie der untere Rand des Dornfortsatzes des 11. Brustwirbels (S. 67)

Blase 23, Shenshu, der Nieren-Punkt, auf gleicher Höhe wie der untere Rand des 2. Lendenwirbels, zwei Fingerbreiten des Kindes neben der Mittellinie (S. 67)

Blase 40, Weizhong, in der Mitte der Kniekehle (S.73)

Blase 57, Chengshan, genau unterhalb des Punktes, wo die beiden Hälften des Wadenmuskels zusammentreffen (S. 73)

Blase 62, Shenmai, in der Mulde unter dem Fußknöchel an der Außenseite des Fußes (S. 60)

Blasen-Meridian, läuft am Rücken an beiden Seiten der Wirbelsäule entlang, und zwar zwei Fingerbreiten des Kindes rechts und links der Mittellinie (S. 66)

Dantien, der Bereich direkt unter dem Nabel, wo das Qi gespeichert wird (S. 54)

Dickdarm 4, Hegu, unten an dem V, das die Mittelhandknochen von Daumen und Zeigefinger bilden (mehr in Richtung des Zeigefinger-Mittelhandknochens) (S. 28)

Dickdarm 11, Quchi, in der Ellenbogenbeuge am äußeren Ende der Falte, die entsteht, wenn man den Arm beugt (S. 41)

Dickdarm 15, Jianyu, in einer Mulde vorn am oberen Rand der Schulter (wenn man den Arm beugt und waagerecht ausstreckt) (S. 40)

Dickdarm 20, Yingxiang, in den Vertiefungen links und rechts neben den Nasenlöchern (S. 45)

Du 20, Baihui, oben auf dem Scheitel, in der Mitte zwischen den Ohren (S. 44)

Du-Meridian, verläuft auf der Mittellinie der Wirbelsäule nach oben über den Kopf (S. 66)

Dünndarm 3, am äußeren Ende der Fingerwurzelfalte des kleinen Fingers (S. 29)

Dünndarm 19, Tiangong, vor der Ohröffnung in einer Vertiefung, die man spürt, wenn der Mund geöffnet ist (S. 45)

Gallenblase 12, Wangu, direkt hinter und unter den Warzenfortsätzen des Schädels hinter den Ohren (S. 44)

Gallenblase 20, Fengchi, in den großen Mulden an beiden Seiten der Wirbelsäule direkt unterhalb der Schädelbasis (S. 44)

Gallenblase 21, Jianjing, in der Mitte einer Linie zwischen dem Dornfortsatz des 7. Halswirbels (das ist der größte Knochen im Nacken, wenn man den Kopf nach vorn beugt) und dem hinteren Winkel des Schultergelenks (Akromion) (S. 44)

Gallenblase 30, Huantiao, auf einer Linie zwischen dem Steißbein und der Außenkante des Hüftbeins, und zwar am Ende des zweiten Drittels (S. 67)

Herz 3, Shaohai, in der Ellenbogenbeuge am inneren Ende der Falte, die entsteht, wenn man den Arm beugt (S. 40)

Herzbeutel 6, Neiguan, an der Unterseite des Unterarms, drei Fingerbreiten des Kindes oberhalb der mittleren Handwurzelfalte, fast genau auf der Mittellinie zwischen den zwei großen Sehnen (S. 40)

Herzbeutel 7, Daling, in der Mitte der Handwurzelfalte an der Unterseite des Arms (S. 29)

Herzbeutel 8, Laogong, in der Mitte des Handtellers an der Stelle, wo der Nagel des gebeugten Mittelfingers die Handfläche berührt (S. 29)

Magen 6, Jiache, in der Mitte des Kiefermuskels direkt vor und über dem Unterkieferwinkel (S. 91)

Magen 7, Xiguan, direkt über Magen 6 in der Kerbe zwischen Kieferknochen und Jochbein

Magen 35, Dubi, in einer Vertiefung außen am Knie, auf gleicher Höhe wie die untere Kante der Kniescheibe (S. 61)

Magen 36, Zusanli, drei Daumenbreiten des Kindes unter Magen 35 und eine Daumenbreite neben dem Kamm des Schienbeins (S. 61)

Magen 41, Jiexi, in der Mitte der Falte, die sich vor dem Fußgelenk bildet, wenn man den Fuß nach oben beugt (S. 61)

Meigong, Augenbrauen (S. 45)

Milz 10, Xuehai, drei Fingerbreiten des Kindes über dem oberen Rand der Kniescheibe, auf einer senkrechten Linie entlang der Innenkante der Kniescheibe nach oben (S. 61)

Neibagua, die kreisförmige Fläche in der Mitte des Handtellers, deren Durchmesser zwei Drittel der Linie vom Zentrum des Handtellers bis zum Mittelfinger beträgt (S. 29)

Niere 1, Yongquan, in einer Mulde an der Mittellinie der Fußsohle, zwei Drittel von der hinteren Kante der Ferse entfernt (S. 72)

Niere 6, Zhaohai, in der kleinen Mulde direkt unter der Mitte des Fußknöchels an der Innenseite des Fußes (S. 60)

Ren 12, Zhongwan, in der Mitte zwischen der unteren Kante des Brustbeins und dem Nabel (S. 55)

Ren 17, Tanzhong, in der Mitte des Brustbeins, auf gleicher Höhe wie die Brustwarzen (S. 55)

Ren 22, Tiantu, in der tiefen Mulde am oberen Ende des Brustbeins (S. 55)

Sanjiao 4, Yangchi, in der Mitte der Handgelenksfalte am Handrücken (S. 41)

Sanjiao 5, Waiguan, drei Fingerbreiten oberhalb der Haupt-Handgelenksfalte am Handrücken zwischen Elle und Speiche (S. 41)

Sanjiao 14, Jianliao, in einer Vertiefung direkt unterhalb der äußeren Spitze des Akromions (S.41)

Sanjiao 23, Sizhukong, in der Mulde am äußeren Ende der Augenbraue (S. 45)

Taiyang, bei Kindern die Fläche zwischen dem äußeren Augenwinkel und der Ohrmuschel (S. 45)

Tianmen, von dem Punkt in der Mitte zwischen den Augenbrauen die Stirn entlang nach oben (S. 46)

Tianzhu, von der Schädelbasis die Mittellinie des Nackens entlang nach unten (S. 52)

Waibagua, eine kreisförmige Fläche in der Mitte des Handrückens, deren Durchmesser vom Zentrum des Handrückens bis zum Knöchel des Mittelfingers reicht (S. 39)

Xiaotianxin, winziges Herzzentrum, in der Mitte des Handballens unterhalb der Handwurzelfalte in der Vertiefung zwischen großem und kleinem Ballen (S. 29)

Info-Adresse

Informationen über Ausbildungskurse in Tui Na für Kinder und ein Video über Tui-Na-Massage für Babys erhalten Sie bei:

BODYHARMONICS® Centre
54 Flecker's Drive
Hatherley
Cheltenham
GL51 5BD
Tel.: 44 (0)1242 582168

Email: mariamercati@bodyharmonics.co.uk
Internet-Seite: www.bodyharmonics.co.uk

Literatur

Fan Ya-li, *Chinese Pediatric Massage Therapy,* Blue Poppy Press, 1994

Flaws, Bob, *Keeping Your Child Healthy with Chinese Medicine,* Blue Poppy Press, 1996

Goodwin, Julia, *Natural Babycare* Ebury Press, 1997

Luan Changye, *Infantile Tui Na Therapy,* Foreign Language Press, Beijing, 1989

Mercati, Maria, *Tui Na Schritt für Schritt: Eine altchinesische Massage neu entdeckt,* Urania Verlags AG, 1998

Walker, Peter, *Baby Massage,* Piatkus Books, 1995

Williams, Tom, *The Complete Illustrated Guide to Chinese Medicine,* Element Books, 1996

Register

acht natürliche Energien 14, 16
Appetitlosigkeit 31
Arme 40–43
  an den Armen entlang kneifen 42
  drehen 43
  Handgelenk kneten und drehen 43
  Handwurzelfalte reiben 35
  kneten 42
Augenbrauen
  reiben 47, 83
äußere Übel 11

Bauchschmerzen 38
Behandlungen 80–91
Beine, Hinterseiten 72–76
Beine kneifen 74
Beine reiben 76
  Kniekehle kneten 75
  Wadenmuskel kneten 75
Beine, Vorderseiten 60–65
  hinauf und hinunter reiben 63
  Hüftgelenk drehen 65
  kneifen 62
  kneten 63
Berührung 8
Betätigung, körperliche 10, 11
Bettnässen 58
Bewegung 10, 11
BL 2 45, 47, 83
BL 11 85
BL 12 85
BL 13 67, 68, 85
BL 20 67
BL 23 67, 68
BL 40 73, 75
BL 57 73, 75
BL 62 60, 64
Blase (Yang-Organ) 17
Blasen-Meridian 66
  kneten 68, 85
Brust 54–57
  mittlere Brustpartie kneten 57, 85
  obere Brustpartie kneten 57, 85
  quer über die Brust reiben 56

D 20 45, 50
Dantien *siehe* Energiequelle
Daumen
  reiben 31
Dickdarm (Yang-Organ) 17
DK 4 28, 38, 91
DK 11 41, 42
DK 15 40, 42
DK 20 45, 48
DN 19 45, 49
DN 3 29, 35
Dreimeilenpunkt des Fußes (MA 36)
  kneten 63, 89
Du-Meridian (Wirbelsäule) 66, 71
Dünndarm (Yang-Organ) 17

Energielosigkeit 31
Energiequelle (Dantien) 54
  kneten 58, 87, 89
Energietheorie 14
Erd-Element 17
Erkältungen 38, 82–83
  mit leichtem Fieber 30
Ernährung 10, 11

Feuer-Element 17
Fieber, leichtes, bei Erkältungen 30
Finger 28–39
Falten an den Fingerwurzeln 29, 36
  kleinen Finger reiben 31
  Mittelfalten der Finger am Handrücken 28, 38
  Mittelfalten der Finger an der Handinnenfläche 29, 37
  Organmeridiane an den Fingern 16, 29
  reiben 30
  Ringfinger reiben 32, 85
  siehe auch Daumen
Fischen, nach dem Mond unter dem Meer 35
Fontanelle
  streichen 50
  Zentrum reiben 50
fünf Elemente 14, 16
  Verbindung mit den Fingern und Organen 16, 17
Fuß, einwärts gebogener 64
Füße 60–61, 64–65, 72–73, 77
  kneten 77
Fußknöchel drehen 64
Fußknöchel kneten 64
  siehe auch Sprudelnde Quelle
Fußknöchel *siehe* Füße

Gallenblase (Yang-Organ) 17
Ganzkörpermassage 28–77
  Arme 40–43
  Beine 60–65, 72–76
  Brust 54–57
  Finger 28–39
  Füße 60–61, 64–65, 72–73, 77
  Gesicht 44–48
  Hände 28–39
  Kopf 44–45, 51–53
  Magen 54–55, 57–59
  Nacken 44–45, 51–52
  Rücken 66–71
GB 12 45, 51, 83
GB 20 45, 51, 83
GB 21 41, 43, 45, 53
GB 30 67, 71
Gesicht 44–48
  Kiefermuskel kneten 48, 91
  siehe auch Augenbrauen, Tor des Kopfes, Sonnenpunkt
  Willkommen des Duftes 48

H 3 40, 42
Hände 28–39
  siehe unter Finger, Daumen
Handfläche 14, 29
  Mitte der Handfläche kneten 34
  nach dem Mond unter dem Meer fischen 35
  siehe auch Neibagua
Handgelenk *siehe unter* Arm
Handwurzelfalte *siehe unter* Arm
Hauptorgane 12
HB 6 40, 42
HB 7 29, 35, 41, 43
HB 8 29, 34, 35, 87
Herz (Yin-Organ) 17
Herz-Meridian 17
Himmelssäule (Tianzhu)
  reiben 52
Holz-Element 17
hölzernes Tor 29
  kneten 36
Husten 84–85
hartnäckiger 32
  Kalbsnüstern (MA 35)
  kneten 43
Kind
  genetische Veranlagung 10
  Umwelt 10
  Wachstum und Entwicklung 10, 11

Kneif-Techniken 18, 24–25
  am Bein 24
  am Nacken hinauf und hinunter 24
  an der Wirbelsäule hoch 25
Knet-Techniken 18, 22–23
  mit dem Daumen 22
  mit dem Handballen 23
  mit zwei Fingern 23
Knöchel *siehe* Füße
Knöchel, schmerzende 64
Koliken 88–89
Kopf 44–45, 51–53
  an den Ohren ziehen 49
kneten 51, 83
  Palast des Gehörs kneten 49
  siehe auch Fontanelle

Leber (Yin-Organ) 17
Leber-Meridian 17
Lunge (Yin-Organ) 17

Lungen-Meridian 17
reiben 32, 85
Lungen-Punkte (BL 13) 67, 68, 85

MA 6 45, 48
MA 7 91
MA 35 61, 63
MA 36 61, 63, 89
MA 41 61, 64
Magen (Yang-Organ) 17
Magen 54–55, 57–59
kneten 57, 58
reiben 59
Magen-Meridian
reiben 31
Massage 17
Baby 8
Qi-Punkte 12
Wirkungen der Massage der verschiedenen Meridiane 17
Massagetechniken 18–25
Vorbereitung 18
Meer des Blutes (MI 10)
kneten 62
Meridiane 12, 16
Metall-Element 17
MI 10 61, 62
Milz (Yin-Organ) 17
Milz-Meridian 17, 62
reiben 31
Milz-Punkte (BL 20) 67, 68

N 1 72, 77, 87
N 6 60, 64
nächtliches Weinen 86–87
Nacken 44–45, 51–52
kneten 51, 83
Himmelssäule reiben 52
kneifen 51
Neibagua 14, 16, 29
reiben 33, 87
Niere (Yin-Organ) 17
Nieren-Meridian 17
reiben 32
Nieren-Punkte (BL 23) 67, 68

Ohrenschmerzen 49
akute 38
Organe 16
Organmeridiane an den Fingern 16
Organpaare 16

Qi 8, 12, 14, 58
Qi-Fluß 8, 10, 11, 12
Ungleichgewicht im (äußere Übel) 11
Qi-Punkte 12
zusätzliche Punkte für Kinder 16

R 12 55, 57
R 17 55, 57, 85
R 22 55, 57, 85
Reibe-Techniken 18, 20–21
in gerader Linie 20
mit der Handfläche 21
mit kreisförmigen Bewegungen 20
mit zwei Fingern 21
Rücken 66–71
den Rücken entlang nach unten reiben 71
die Wirbelsäule entlang nach oben kneifen 69, 89
Gesäßbacken kneten 71
kneten 68
quer über den Rücken reiben 70

Schlaf 10, 12
Schnupfen 38
Schultern kneten 53
SJ 4 41, 43
SJ 5 41, 42
SJ 14 41, 42
SJ 23 45, 47, 83
Sonnenpunkt kneten 46, 83
Sprudelnde Quelle (N 1) 73
kneten 77, 87

Taiyang-Punkte 45, 46, 83
Talsohle kneten 38, 91
Tor des Kopfes 46
schieben 46, 83, 87
Tui Na 8–17
Theorie des 12, 14

Übermaß 8, 10
Unruhe 35, 86–87
Unterleib
reiben 59, 89

Waibagua 29
reiben 39, 78
Wasser-Element 17
Wasserlassen, Probleme beim 58
Weinen, nächtliches 86–87
Willkommen des Duftes 48
winziges Herzzentrum 29, 34
Wirbelsäule *siehe unter* Rücken

yang 12, 14
Yang-Organe 14, 16, 17
yin 12, 14
Yin-Organe 14, 16, 17
Yin und yang
auseinanderschieben 35

Zahnen 90–91
Zahnschmerzen, akute 38

Danksagungen der Autorin

Ganz besonderen Dank schulde ich den chinesischen Ärzten in den Krankenhäusern für Traditionelle Chinesische Medizin in Shanghai, Wehai und X'ian. Vor allem danke ich Dr. Luan Changye, dem Autor des Buches *Infantile Tuina Therapy*, und Dr. Zhao Shui, der mir geduldig die Details und die Wirkungen aller Techniken erläutert hat, die ich in diesem Buch vorstelle. Dr. Zhao ist nicht nur ein hervorragender Arzt, sondern auch ein sehr liebevoller Vater, der seine kleine Tochter im Babyalter täglich mit Tui Na behandelt.

Außerdem danke ich meinem Mann Trevor für die stundenlangen Diskussionen, deren Inhalt zum Teil in dieses Buch eingeflossen ist.

Ich bedanke mich auch beim Gaia-Verlag, der die Entstehung dieses Buches ermöglicht hat – vor allem bei Lucy Guenot für die kreative graphische Gestaltung und bei Katherine Page für die Redaktion.

Danksagungen des Verlages

Gaia Books dankt folgenden Personen, die sich für die Fotos in diesem Buch zur Verfügung gestellt haben: Sebastian Barlow und Katherine Pate; Ruby und Penny Berwick; Kyishia und Zena Cooke; Suzy, Barney und Kitty Crossley; Angus, Callum und Fiona Gegg; Edward Gowan; Paul Guenot; Isaac und Sharon Hamilton; Cissy und Annie Hardy; Molly und Carol Harris; Joel und Lorna Martin; Murray McLellan und Wendy Clifford; Hadley Restall und Lyn Hemming; Alice und Judith Sales; Rose, Megan und Naomi Teague; April und Suzannah Varah. Außerdem danken wir Frau Dr. Christine Haseler für ihre Beratung, Lynn Bresler für die Erstellung des Registers und Mark Etpon, Jenny und Owen Dixon für ihre Assistenz bei der graphischen Gestaltung des Buches.